# 《仁化历史文化丛书》编委会名单

主　　编：赖小红

副 主 编：罗有发　陈旭虹

编　　委：（以姓氏笔画为序）

龙兆康　刘　强　麦海芳　李子初

邹雪玲　陈旭虹　范　全　罗有发

郑玉江　骆阳叶　谢锦树　赖小红

仁化历史文化丛书

# 仁化古迹

龙兆康 著

暨南大学出版社
JINAN UNIVERSITY PRESS

中国·广州

图书在版编目（CIP）数据

仁化古迹 / 龙兆康著. —广州：暨南大学出版社，2015.12
（仁化历史文化丛书）
ISBN 978-7-5668-1537-8

Ⅰ.①仁…　Ⅱ.①龙…　Ⅲ.①名胜古迹—介绍—仁化县　Ⅳ.① K928.706.54

中国版本图书馆 CIP 数据核字（2015）第 155670 号

出版发行：暨南大学出版社

出 版 人：徐义雄
责任编辑：王雅琪　郑晓玲
责任校对：周海燕　冯　琳　黄　球

地　　址：中国广州暨南大学
电　　话：总编室（8620）85221601
　　　　　营销部（8620）85225284　85228291　85228292（邮购）
传　　真：（8620）85221583（办公室）　85223774（营销部）
邮　　编：510630
网　　址：http：//www.jnupress.com　　http：//press.jnu.edu.cn

排　　版：广州市天河星辰文化发展部照排中心
印　　刷：深圳市新联美术印刷有限公司

开　　本：787mm×1092mm　1/16
印　　张：9
字　　数：170 千
版　　次：2015 年 12 月第 1 版
印　　次：2015 年 12 月第 1 次

定　　价：56.00 元

（暨大版图书如有印装质量问题，请与出版社总编室联系调换）

# 总　序

　　仁化县地处粤北，毗邻湘赣，是建县于南齐年间（479－502年），距今已1 500多年的粤北古县。县域内山河锦绣、风光瑰丽、土肥水美、物产丰饶，历史人文气息尤其浓厚，古城、古堡、古村、古祠、古寺、古寨、古文物等古迹遗存众多，丰富多彩，县内的历史名人、文化艺术也是代有精英和杰作。

　　这是一片古老的先民乐土。文物考古普查发现，4 500年前就有先民在周田镇浈江边的鲶鱼转遗址、长江镇覆船岭遗址、窑前村晒谷岭遗址、康溪走马坪遗址等地繁衍生息，这些地区发现和出土了大量原始社会新石器时代的斧、锛、戈、矛、环等石器和盘、釜、鼎足等陶器。

　　这是一处文物古迹的大观园。有秦末古秦城、仁阳老县城、宋代蒙氏古宗城3处古城；有闻韶下徐寨、扶溪启明营、石塘双峰寨3处平原古寨和108处山寨；有保存连片古徽派建筑133栋的国家级历史文化名村和众多古村落；有多姿多彩的石刻、砖雕、木雕、灰塑等建筑装饰和技艺精湛的家具、工艺品。

　　这是一方历史名人辈出的人文宝地。唐、宋、元、明、清、民国至今，从唐代岭南第一相张九龄、韩愈，到宋代的蒙天民、蒙英昂、谭伯仓、谭兰坡，元代的何初、程准，明代的蒙禄昌、蒙诏、黄缵，再到清代的陈世英、郑绍曾、李占元、卜安祥、李汝梅……为官入仕者上千人。文人墨客庄履丰、范宗裕、蒙士遇、刘墨山、王开运、刘刚德、李仲生等都在这里留下不朽的文辞、墨宝。

　　这是一块红色革命的热土。大革命时期，仁化县是广东省农民土地革命和武装斗争的"第二个海陆丰"，朱德、阮啸仙、谭甫仁、黄梅林、蔡卓文在这里谱写过壮烈的革命篇章。红军长征从赣入粤15天后，在仁化县的长江镇、城口镇、红山镇转战10天，取得了梨壁岭、铜鼓岭等战斗的胜利，获得了在城口镇休整3天后转战红山、乐昌、湘南的战略转折，为红军二万五千里长征打下了统一思想的基础。

　　仁化县历史上有着五大突出的人文经典。一是舜帝南巡与韶音文化一脉史迹的线路途经仁化，韶石山的韶音台、丹霞山的韶音亭、闻韶镇的闻韶阁、双龙拱圣的皇封庙，都在仁化县境内。二是吴越交战勾践灭夫差，吴王夫差的3个儿子南逃城口，避难红山，在前洞村隐居，现红山镇有吴王村、三官庙，前洞村有越王村、越王古堡。

三是这里为唐代佛教南移的第一站，董塘镇江头村委会叶屋村是仰山禅宗慧寂大师的故里，西山寺、云龙寺、澌溪寺的建立都与慧寂禅师有关，有唐塔云龙寺塔、澌溪寺塔等14座古塔，仁化被称为名副其实的岭南古塔之乡。四是周田镇平圃山风度村是盛唐名相张九龄的故里，有其祖父母张子胄夫妇的墓茔，有"风度流芳"古门楼、"燕翼诒谋"、"金鉴流芳"等祖祠，可追踪丰富的"张九龄文化"。五是被联合国教科文组织东方民俗研究会主席劳格文博士称为"岭南第一世家"的城口镇恩村蒙氏家族，历宋、元、明、清至今900余年，文武仕商出类拔萃、气运不衰，其古城、古村、古祠、门楼、牌坊、文物、名人字画等丰富多彩。

如此深厚的历史文化底蕴，展示出仁化这个粤北古县特有的文化风采和人文魅力，是一部追根溯源、弘扬传统文化、借古喻今的本土文史教科书，也是仁化社会、经济、文化发展依存的文化品牌。

历史的云烟消磨了几多古物遗踪，淡漠了多少美好的文化记忆。几千年的朝代更替与战火纷争、地方暴乱与自然灾害，尤其是"文化大革命"时"破四旧"的极左风潮，使得中华民族的传统文化遗存、文物古迹几乎被破坏殆尽。而仁化这个粤北古县能残存如许历史文化遗迹、遗踪和人文古迹，实在难得。

《仁化历史文化丛书》，是在新的历史时期，国家弘扬中华传统文化，省、市、县地方政府积极响应的形势下编写的。这套丛书分为《仁化古村》《仁化古迹》《仁化艺苑》《仁化印象》四册，旨在发掘、整理、记录仁化县历史长河中的社会、经济、文化、生活环境以及传留至今的遗址、古迹、文物，从物质、精神、文化、艺术等各个层面，客观真实地呈现仁化县的历史风貌和时代精神。

该丛书题材真实，内容丰富，文辞简练，图景交融，熔史实遗存、学术知识于一炉，集人文经典、艺术精华于一体，生动直观，为仁化县保护文物资源，发展旅游经济，打下了高品位的文化台基。

岁月刻记着历史，历史渲染着文化，文化印存着记忆。将一脉记忆的痕迹留给后人，是一种鉴古察今的感悟，也是一种文化传承的责任。将仁化古县的历史文化延续传承，记录出版，为地方社会经济发展提供软实力的支持，造福当代，面向未来，正是我们编写《仁化历史文化丛书》的意义所在。

《仁化历史文化丛书》编委会

2015 年 10 月 12 日

# 前　言

　　文物古迹承载着人类的过去和希望，是不可复制的、厚德载物的宝贵财富，给予我们的是永恒的记忆和永远的精神家园，也是一个地方经济与社会发展的精神动力和一种自强不息的地域文化遗存。人类历史证明，单纯的高速经济增长、单纯的自然环境优势，都不足以成为一个地方社会文明的魅力和标志，而该地域在悠久的历史进程中逐渐形成的浓厚的人文精神与构建和谐社会的诸多契合，才是推动和谐社会发展的强大内驱力。

　　仁化古县地处五岭南麓，从原始社会晚期到东周、吴、越，从秦、汉、隋、唐到宋、元、明、清，诸多文物遗址、古迹遗存，成为仁化历史人文的实物见证。这一地域，在秦汉以前是百越少数民族的聚居之地，而在更远古的时代，就已有古人类繁衍生息的痕迹。其境内有新石器时代晚期的古人类遗址五处，商代早期古人类遗址一处，百越族生息地及石岩棺葬遗址多处，历史源流之悠长久远，极具岭南独特风韵。

　　仁化县的史志、古族谱记载的文化古迹、历史遗存及文史专家的评定博大精深。从四千多年前的舜帝南巡，在仁化县周田镇韶石山留下的韶音台、韶音亭、闻韶阁，到两千多年前吴越争战，逐鹿岭南遗留的三官庙、吴王村和越王村；从秦末古秦城到岭南古塔之乡的两座古唐塔——云龙寺塔、澌溪寺塔；从唐代的张九龄故里到宋、明仕家恩村蒙姓的家庙宗祠；从仁化的丹霞山、各乡镇的山崖石壁留下的众多摩崖石刻，到岭南客家围屋、碉楼遗留的传统安保模式……仁化给后人留下的都是实实在在的古迹遗产。

　　仁阳故地源千古，史踪遗迹历多磨。经历了几千年的朝代更替及兵灾匪患，承受了自然灾害及风霜雨雪的侵溶剥蚀，许多古迹已受到不同程度的破坏，但刻在史册的记忆及遗留下来的古迹形貌，至今仍能展现仁化古县文明进化的时代沧桑与历史文化的风采。

　　社会历史文化的发展，需要承前启后，继往开来，而贮存久远的回望、远古的文明，是今天的人们应该负起的责任；体察与记录古迹文化、历史人文，是当今社会和谐发展的战略构思。这也正是我们写作本书的意义与目的。

　　本书部分图片由仁化县图书馆、陈志芳、陈桂汉提供，在此谨致谢意。

龙兆康

2015 年 10 月 16 日

# 目 录

古迹概述

古秦城

仁化县地处韶关北部山区，与湘、赣接壤，是古今兵家必争之地，也是古代南北交往的重要通道之一，经济、文化曾一度繁荣。境内土肥水美，气候温和。文物考古普查发现，在这片古老的土地上，早在4 500年前便有先民在此居住，他们以渔猎为生。已发掘的新石器时代晚期至商代早期的遗址有六处，古城遗址三处，冶炼遗址四处，还有古堡、古桥、古道、古窑、古寨、古墓等。境内拥有唐、宋、明、清时期的古塔十四座，是岭南唯一的古塔之乡。碉楼围屋、寺庵古迹、摩崖石刻也是声名远播。出土文物上千件，其中国家二级文物四十多件，都是非常具有研究价值的珍品。

长江镇覆船岭遗址

云龙寺塔

澌溪寺塔

周田张屋龙头庙

锦石岩寺

皇封庙

别传禅寺

遗址与墓葬

# 1. 鲶鱼转遗址

该遗址位于仁化县周田镇风度村西南 1 公里处的山岗顶部与南坡上，东临浈江。遗址面积约 2 万平方米，于 1959 年发现。1960 年发掘面积为 90 多平方米，有先民居住的遗迹及木骨泥墙残块，出土陶器有罐、圜底釜、豆、器座、纺轮、圈足盘等。纹饰有绳纹、篮纹、曲折纹、方格纹、漩涡纹等，工艺美观。出土石器中的斧、锛、凿、戈、矛、镞、环、砺石有些是半成品，证明这里曾经是先民制作石器的工场。遗物特征表明，这里与广东韶关曲江县马坝镇石峡遗址第三期文化层基本相同，同属夏商至西周时期以菱纹陶为代表的青铜器时代文化层。1962 年 7 月，被广东省人民政府列为省级文物保护单位。

鲶鱼转遗址全景

鲶鱼转遗址山顶

鲶鱼转遗址洞穴

## 2. 长江镇覆船岭遗址

该遗址位于仁化县东北部长江镇以南1公里处，遗址所在的山岗高于周围平谷60米。岗顶为一片狭长、平坦的台地，中部稍微隆起，形状像一艘覆置的船，故名覆船岭。长江镇的锦江河与里周河自山岗的西面和南面流过，此处山水相依，风光秀丽。遗址范围遍及岗顶台地和南坡，面积16 000平方米。

1986年冬，当地村民在此采集到石链、陶片，后经仁化县博物馆鉴定此处为新石器时代晚期人类遗址。1995年秋，广东省文物考古研究所、中山大学人类学系考古实习队、韶关市博物馆、仁化县博物馆组成联合考古队，对该遗址进行发掘，考古队发现在150平方米的地域中有两期文化内涵。第一期属石峡文化，清理出8座墓葬，均为长方形竖穴土坑，仅两座有随葬品，墓穴坑壁未见烧烤痕迹。出土陶器有三足盘、圈足盘、釜、鼎等，以素面为主。石器有锛、镞、刀刃石片。

长江镇覆船岭遗址

　　第二期文化遗迹有灰坑、柱洞，清理出墓葬两座，为长方形竖穴土坑，南北向，无随葬品。该期遗物中陶片丰富，可辨器形有釜、罐、纺轮；纹饰有绳纹、方格纹、三角格纹、菱格纹、云雷纹、曲折纹、附加堆纹等，烧造火候较高；石器有锛、凿、镞、刻刀、磨盘、磨棒、环、穿孔器、磨石等。从遗物特征来看，其与石峡遗址第三期文化基本相同。该遗址于 1989 年被仁化县人民政府列为文物保护单位。

陶片

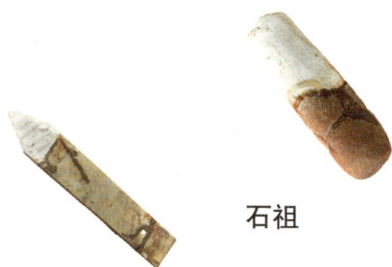

圭　　　　　石祖

## 3. 窑前村晒谷岭遗址

窑前村晒谷岭遗址

该遗址经广东省博物馆专家复查鉴定，确认为新石器时代遗址。该遗址位于仁化县城东北约 1 公里处的窑前村村南晒谷岭的矮山岗上，也称"晒谷岭遗址"。北距原县砖瓦厂约 50 米，东临 106 国道。地域东西宽约 50 米，南北长约 100 米，总面积为 5 000 平方米。遗址表层为黄泥砂土，表土原被开垦为旱作耕地，现已建多间农房。第二层为灰褐色土层，厚 30 厘米，离表土 20 至 40 厘米，依自然坡势形成文化层。从中发掘采集到石器 26 件，多为灰绿色、深灰色的泥质岩和板岩，夹杂有砂黑陶片 54 件和泥质陶片 6 件。另有镞 4 件，斧 1 件，长身铲形器 1 件，矛 1 件，锛 4 件。如此多样的镞、锛、石斧、陶件的出土发现，标志着此处人们曾经历过以原始锄耕为主的原始农业劳作，是典型的新石器时代晚期的特征，距今约 4 500 年。

## 4. 仁周道班遗址

　　该遗址位于仁化县城南 2 公里处，106 国道东侧仁周道班驻地内的一个土墩上。东面紧连道班住房，南面 30 米是原周汝公路（现 106 国道），西面 50 米是原仁化县收容所，北面是原仁化县火葬场。

　　遗址表土是黄色砂泥黏土，从东向西倾斜，长 40 米，南北宽 25 米，总面积 1 000 平方米，高出河面约 4 米。采集到的磨光石器有：石祖（男性生殖器石雕）一件，是新石器时代全国最为形象的石祖，酷似阳元石，是先民借阳元石的直观形象雕塑而成的男根图腾。另有锛、镞、矛等石器 10 件，夹砂陶片 1 件。此遗址是距今四五千年的新石器时代晚期的遗址。

仁周道班遗址

## 5. 康溪走马坪遗址

走马坪遗址位于锦江中游南岸的矮山岗台地上（史称"走马坪"），西距县城3公里，东南临106国道和仁长公路，南面为康溪水，西北靠锦江河，正北为丘陵山岗。遗址高出水面约25米，从北向南倾斜，呈缓坡状，地势较平坦。南北长1 500米，东西宽800米，总面积120万平方米。

康溪走马坪遗址近景

康溪走马坪遗址耕作地

台地表土为灰黄色，早年已被开垦为旱作耕地，遗物多散布在农耕表土。

遗址在 1983 年文物普查时被发现，当时采集到的磨光石器有镬、斧、胚件等。1985 年 5 月 20 日和 21 日，又连续采集到锛、矛及残器多件，灰黄色曲尺纹陶片一件。

走马坪遗址陶片

文化堆积层已为早先农耕损坏，散存文化遗物有：石器 10 件，其中以灰绿色、深灰色硅质岩和灰黄色板岩为质材的有镬、斧、锛、矛及残石器、胚件等。典型器物镬，为灰绿色硅质岩，横剖面为 13 厘米长的不规则形，刃锋利，有使用过的痕迹，刃宽 2.5 厘米，顶残宽 5 厘米，厚 4 厘米，背面磨成弧形。另一典型器物斧，为灰色硅质岩磨制而成，横剖面为长方形，正面平整，背面微成弧形。发现的锛、矛等均为残片。陶片为泥质灰黄陶，质松软，火候低，曲尺形纹饰尚称美观，长 2.7 厘米，宽 2 厘米。

走马坪遗址台地东临高山，以为屏障，锦江北来，康溪水由东西汇锦江，形成一处背倚山峦、面向河川的三角台地。氏族先民可上山狩猎，下水捕鱼，此处的自然环境为其提供了生存繁衍的条件。走马坪遗址与晒谷岭遗址同为新石器时代晚期的遗址。

由于良好的自然条件，东北向的山峦又恰似一顶官帽，因此唐朝在此建立县城，也是仁化早期建县立衙之地。

**官帽峰下走马坪遗址方位**

## 6. 里周新店村遗址

新店村（也称"店前村"）遗址位于仁化县长江镇里周村村委会所属的新店村以北50米的山岗台地上。北面一脉矮山，东南西一片稻田，田原以南100米处，有两条溪流汇合，在两溪汇合的台地上，是一处存留时期较长的新石器时代人类生活遗址。

遗址东西长100米，南北宽40米，表土为灰黄色，早年被垦为农耕旱地，现已荒芜。在台地东端，考古人员采集到灰色板岩磨制的梯形石锛一件，刃部长6.2厘米，宽4.8厘米，厚1.5厘米，有使用过的痕迹，形制与晒谷岭遗址的同类器物相似。还采集到较多的纹饰陶片和瓦片，其中有蓝色纹的陶片和灰色的布纹瓦碎片。

里周新店村遗址

# 7. 大石山白泥垄村洞岩墓葬

　　仁化县春秋时期隶属百越，至秦朝灭亡后，百越地方首领赵佗踞岭南三郡建立南越国。至汉武帝元鼎六年（前 111 年）一扫岭南，南越国才归附汉武。大部分百越族人纷迁海南、广州乃至越南、缅甸，只有丹霞山、大石山的百越族人，赖崖高险峻、顶平林茂、易隐易生的自然优势，没有迁移。直到宋、明时代逐渐与汉族同化。而百越族依古老习俗，人死后为防野兽、外人侵害，多选择人迹罕至的高崖绝壁凿洞藏尸，其葬俗称为"悬棺葬"或"岩棺葬"。这种葬俗一直延续到宋、明时代。现在大石山深山幽远的悬崖峭壁干燥背风处，仍有悬棺、岩棺的残留遗址。历史上《仁化县志》均有记载。

　　白泥垄村大石山深处的洞岩墓葬，是建于明嘉靖十八年（1539 年）的丹山红砂岩"洞穴葬"。坐西北向东南，洞深 4 米，外面建阔 5.5 米、高 2.3 米的红砂岩墓门楼以封住洞口。墓门楼面二层，呈椽牙翘角的牌坊门楼形格，下层有七个石砌墓门，两个墓碑分别刻着"彭廷高之墓"与"彭世鉴之墓"，落款为"皇明嘉靖己亥年立"。门楼上石雕图案精美，龙凤花草刻制秀丽，是难得一见的百越地域的岩洞墓葬精品。

大石山白泥垄村洞岩墓葬

岭南古塔之乡

仁化境内历史文物古迹丰富多彩。这个粤北的山区小县，竟拥有唐、宋、明、清不同风格的古塔十四座：有广东省境内唯一的国家级重点文物保护单位——唐代乾宁、光化年间的云龙寺塔，有唐末四角七层青砖古塔浈溪寺塔，有北宋元丰年间的华林寺塔，还有十几座明清时代的宝塔。如此众多的古塔完好地留存于一个山区小县，不但在岭南绝无仅有，在全国也属罕见。所以，仁化是岭南名副其实的古塔之乡。

宝塔，也称浮屠、苏屠，原是佛家收藏经卷、保存高僧骨殖的建筑物，与佛寺相依相伴。岭南宝塔之由来，长江镇的《重建文明、华表二峰碑记》沿引唐宋古塔碑文之记载："宝塔起始唐太宗造浮屠于长安，阿育王建无量（佛塔）于郑县。以后凡省郡州县、市镇乡村境内缺五行中木、火二星宿风水者，则建宝塔以补之。"可见唐代以后，随着历史的推移，宝塔逐渐成为园林景观的组成部分，演变为风水塔、镇邪塔，印证着一个时代的历史文化与经济发展水平，成为这个地区社会经济发展的象征和标志。

# 1. 云龙寺塔

仁化县最古老的宝塔是国家级重点文物保护单位云龙寺塔，该塔是广东省乃至岭南五省内保存较好的建筑形四方砖式唐塔。其坐落在董塘镇安岗村后的云龙寺中。唐朝咸通年初（860年），河北人惠懿禅师南来仁化驻锡，创建大云禅寺。11年后惠懿禅师在此圆寂坐化，弟子、信民为其在寺后山窝中修建"圣师塔"（明代嘉靖《仁化县志》），安其骨殖。到晚唐乾宁、光化年间（894—901年），在大云禅寺原址上兴建西山寺，后称"云龙寺"，圣师塔遂称"云龙寺塔"。

云龙寺塔为典型的四方形唐式古塔，高10米，等边长2米，每层四面用仿木式构筑法建成，以青砖砌出倚柱、斗拱、阑额、普柏枋、檐枋、栏杆、平座等建筑形式，每层4扇圭门，五层共20扇。整座古塔，造型独特精致，外形古朴端庄，后倚半圆山峦，前瞻平畴沃野，堪称风光宝地。古塔峥嵘，刻记着"佛刹晚唐越五岭，仁阳首立萃堵波"的史实，也奠定了仁化县作为"岭南古塔之乡"的声望与地位。

云龙寺塔远景

云龙寺塔细部构建

## 2. 渐溪寺塔

离云龙寺塔仅 3 公里的渐溪寺塔，原名秀宝塔，亦称"仰山禅师塔"，位于董塘镇渐溪山瑶族村渐溪河畔的一座土岗上。塔高 21 米，为四角七层青砖砌筑的楼阁式古塔，建于唐末天祐甲子年至后梁太祖开平丁卯年（904—907 年）。宋初维修，至今仍具唐塔建筑形制的结构与风格。

该塔除塔刹受损修复外，其余部分基本保存完好。塔的第一层高 3.2 米，内有青砖步级，沿级可登至第二层，以上各层内有青砖穿心梯，可通至顶层。七层四面都有圭门，共 28 扇。从底层至顶层，每层依序收敛。各层的出檐装饰为仿木结构斗拱，棱形与横平砖交错，层层叠叠分级出檐。装饰古朴，外形清秀，是仁化县内保存完好的古塔之一。建塔时间仅比云龙寺塔稍晚四十多年，两者都是研究唐代古塔建筑的宝贵的实物资料。

渐溪寺塔西南 50 米处为渐溪寺遗址，内有清溪、拱桥、石障、碑碣、瑶民村落等景观。山野、田园映衬，古塔、寺庵互依存，一派和谐恬静，是宜居宜游的风光宝地。

渐溪寺塔

渐溪寺塔远景

渐溪庙全景

渐溪寺塔旧貌（摄于 1939 年）

# 3. 华林寺塔

华林寺塔位于闻韶镇下徐村，塔旁古有皇封庙，宋有华林寺，遗址、牌匾、文物如今犹在。该塔建于北宋元丰五年（1082年），1989年被列为省级文物保护单位。1990年，由省文管办拨款进行全面修葺，成为"修旧如旧"的文物典范。修葺时在塔西南角第五、六层间发现北宋时期铜钱98枚、青瓷杯一件、小银佛像三尊、纪年砖两块，铭文阴刻"元丰五年九月二十日造"。

华林寺塔为典型的六角七层楼阁式砖构塔，高19.6米，等边宽1.84米，七层六边中各有圭门。塔的第一、二两层因塔基向西南倾斜，当时若拆掉重修，担心将损坏塔底的禅师骨殖舍利，建塔的工匠经过缜密的思考之后，从第三层开始，将塔身逐层向东北方向扳扭校正，使塔端正、坚固牢实，该塔历时近千年，至今还屹立如磐。古代匠人的聪明才智，令后世建筑工艺者们赞叹不已。

华林寺塔侧面

华林寺塔旧貌（摄于1957年）

## 4. 文峰塔

仁化县境内最高大雄伟的宝塔是文峰塔，此塔位于县城东南 1 公里的水南村村委会矮岭村的锦江河畔，始建于明万历四十年（1612 年），由知县高应选开基兴建，尚未竣工，接任知县胡京球接手续建，于万历四十六年（1618 年）建成。两任知县为建塔不遗余力，一是为仁化县城立一水口塔，以顺风水；二是为感谢、颂扬他们的恩师，城口恩村进士、桂阳知州蒙禄昌对他们的栽培，塔名匾额石刻"文笔冲霄"，就是对蒙氏家族的钦颂。

丹霞红岩塔匾"文笔冲霄"

文峰塔旧貌

该塔为平面八角形九层楼阁式空心砖石构筑塔，由塔台、塔座、塔身、塔刹组成，通高 39.15 米，塔身高 31 米，等边宽 4.5 米，每面都有圭门。该塔第一层内设红砖岩步梯，呈半旋状，可直上顶层。整座宝塔外观雍容大气、挺拔巍峨。北望湘赣庾岭，南指韶石丹霞，东临翠岳，西挽锦江，向上呈文笔冲霄之势，塔下是仁阳书院，自然景观和历史遗迹都称得上是县城中一道亮丽的风景。

修葺后的文峰塔

文峰塔夜景

## 5. 白塔（水口塔）

　　在扶溪镇水口村，有一座与文峰塔建于同一时期（明万历四十四年，1616年）的白塔，又称"水口塔"。该塔为平面八角形七层平座楼阁式砖构塔，通高24.8米，建筑形制和风格与文峰塔相仿，只是规模略小，比文峰塔少两层。文峰塔门楣匾额为"文笔冲霄"，而白塔的红砂岩石匾上刻着"文光辉映"。塔内设穿墙式螺旋形步梯，可通登白塔顶层。

白塔全景

白塔近景

# 6. 腾凤塔

　　腾凤塔位于董塘镇西南 2 公里的潼阳溪旁，始建年代无碑文、史志记载，从建筑形制和风格特征来看，此塔应属明朝古塔无疑。

　　该塔为平面六角七层平座楼阁式砖构空心塔。塔高 19.21 米，外貌形制完好。第一层券门置于西南，却扭向偏北方，具有明显的风水方位塔的特征。

腾凤塔近景

腾凤塔远景

# 7. 水口塔（斜塔）

水口塔（斜塔）位于石塘镇历林村东 1 公里处，下临潼阳溪，从其风格特征可证此塔应是明代塔。

塔为平面六角七层平座式楼阁实心砖塔，塔高 18.6 米，造型端庄秀丽。由于潼阳水在塔下长年冲刷此塔，塔基空隙扩大，塔体倾斜。塔顶倾斜度与塔底中心点偏离 1.9 米。但由于塔体建筑坚实，至今屹立不倒。

水口塔（斜塔）

## 8. 文明峰塔

　　文明峰塔坐落在长江镇东面 1 公里的桐子坪山顶，始建于明万历二十五年（1597年），清道光己亥年（1839 年）重修。

　　该塔为平面六角七层斗拱檐假平座楼阁式空心砖塔，通高 19.2 米。第一层券拱门分两重，外层门楣上有一方红砂岩石匾，横楣阴刻"文明峰"三字，左边刻有"万历丁酉冬月吉旦"的年款，右边刻有"道光己亥年重修"的字样。内层门楣刻写"元伦"二字。

文明峰塔远景

文明峰塔北门

文明峰塔近景

## 9. 华表峰塔

华表峰塔位于长江镇西南 2.5 公里的樟水板窝岭岗山顶，始建于明万历二十六年（1598 年），清道光己亥年（1839 年）重修。始建和重修与文明峰塔基本同时；其建筑形制和艺术风格与文明峰塔也基本相同，两塔遥相对应，被称为姐妹塔。门楣红砂岩石匾楷书阴刻"华表峰"三字。该塔面临锦江主流，与低坪隔河相望。建筑工艺精湛，造型较文明峰塔奇特，远观像大钟坐镇山顶。两座塔都是明朝万历年间长江富户邹惟善主持修造，以弘扬其祖先元初仁化县宰邹九郎择居长江的恩德善举。

华表峰塔西面

华表峰塔东面

华表峰塔石匾

## 10. 丹霞山舍利塔

　　丹霞山海螺峰顶有一座红砂岩砌筑的平面方形实心亭式塔，是丹霞山乃至粤北唯一一座佛禅舍利塔，旧称"丹霞山塔"，佛家称"螺顶浮屠"。它建于清康熙六年（1667年），据清同治《仁化县志》记载："丹霞山塔在海螺峰上。丁未佛诞之日，舍利见庐山之栖隐禅寺，别传禅寺住持天然和尚派遣僧徒赴洪洲（庐山）迎请舍利来丹霞山，建塔于海螺岩顶。"这是禅宗五家最先兴起的沩仰宗一脉慧寂禅师的舍利子，也是佛教南移与佛教唐塔在仁化植根落脉的原因，因为仰山慧寂禅师就是仁化董塘镇江头叶屋村人，澌溪河的秀宝塔就是仰山禅师塔。

　　丹霞山舍利塔四面的红砂岩壁正中，刻着释迦、弥陀、观音、药师四尊高大的浮雕立像，须弥塔座束腰处分别浮雕镌刻青龙、白虎、朱雀、玄武四神图，是不可多得的佛刹模图和艺术珍品。

丹霞山舍利塔

舍利塔大势至菩萨

丹霞山"螺顶浮屠"——佛禅舍利塔

## 11. 澹归和尚墓塔

澹归和尚墓塔建于海螺峰下的岩洞内，为平面六角，覆钵顶，红砂岩构筑的实心塔。塔身正面阴刻直书"别传寺开山澹归释老和尚塔"，墓前以石板浮雕为围栏，建有墓首、享堂、香台等，建筑工艺、石刻工艺等堪称精湛。

澹归俗姓金，名堡，字道隐，浙江仁和（今杭州）人，明崇祯十四年（1641年）进士及第，官至吏部尚书。明朝亡后，遂辞仕，削发为僧出家海幢寺。清顺治十八年（1661年），原明兵部尚书李永茂将丹霞山施与澹归，开辟别传禅寺道场，成为粤北一大禅林。清康熙十九年（1680年）澹归圆寂，其骨殖安放在海螺岩洞内，人们建塔砌围栏以纪其功德。

澹归和尚墓塔

## 12. 天然昰和尚合葬墓塔

天然昰和尚合葬墓塔建于丹霞山原锦园度假村后的丝茅坪山坡上，与丹霞山主峰、别传禅寺隔锦江相望。墓塔为平面四边束腰形，由塔座、塔身、塔顶三部分构成，四周有塔首、享堂。塔内藏有三个骨灰石盒，分别为洞宗三十四世、丹霞第一世开法天然昰和尚，洞宗三十七世、丹霞第四世主法继祖庐和尚，洞宗三十八世、丹霞第五世主法太虚包和尚。天然昰和尚也称函昰天然和尚，早年退院赴江西庐山，后为广州海幢寺住持，是澹归和尚之师。澹归建成别传禅寺后，邀请天然昰和尚开山说法，为别传禅寺之第一任住持。

天然昰和尚合葬墓塔

天然昰和尚合葬墓

# 13. 普同塔

　　长老峰普同塔在长老峰山脚下，与天然昱和尚合葬墓塔隔江相望，在形制和规模方面，与锦石岩旁的普同塔相同，只是所建年代略早些。塔顶葫芦有三级，其规格比锦石岩普同塔要高。

长老峰普同塔近景

长老峰普同塔名匾

锦石岩普同塔旧照

锦石岩普同塔在丹霞山下层风景区锦石岩前方路旁，建于清顺治五年（1648年），为锦石岩众僧所建，历代禅师圆寂后，骨灰都安放于此塔之下。此塔为红砂岩砌筑的楼阁式石塔，中空，下有阁堂以安放骨殖。墓塔正面中间嵌一墓碑，直书阴刻"锦岩重建历代禅师之灵塔"。尽管已是清朝顺治五年，而碑之落款仍刻为"南明永历戊子孟夏立"，思明念旧之意昭然。塔碑上阴刻"普同塔"三字，右方年款还是永历年号。这是广东省内有确切年号可考的南明墓塔。

锦石岩普同塔全景

## 14. 乐说辩和尚墓塔

　　乐说辩和尚墓塔坐落在丹霞山宝珠峰南坡岩台上，坐北朝南，建筑宏伟。乐说辩和尚法名今辩，姓麦，番禺人，是澹归和尚的弟子。他学识渊博，法理精深，长住丹霞山，深谙民俗文化。澹归逝世后，继为别传禅寺住持，逝后骨殖永伴丹霞山。

　　丹霞山的佛禅墓塔还有翔龙湖畔的两座，龟头峰上的一座。这些墓塔，既保持着晋唐以来塔式建筑的早期佛家葬俗，反映出这些墓塔的时代特征和历史人文痕迹，也记录着这个地方的时代风情。

**乐说辩和尚墓塔全景**

宗祠家庙文采

　　宗祠家庙是民族人文、人丁繁衍生息的见证，反映当地居民的历史根源、民俗文化、经济财力、建筑工艺的水平和风采。仁化境内11个乡镇，有史志记录的宗祠类建筑达100多处，现仍遗存基本风貌的有75间。

恩村世科祠

# 1. 城口镇恩村蒙氏家庙五宗祠

　　恩村蒙氏是仁化县宋代南迁移民中最早的四大家族（分别为蒙、谭、刘、李）之一。蒙氏以商贾南下韶仁，崛起于草莽之中，兴发于仁化本土，声名在各家之上。这个仅百余户人家的山村，曾有"一门三进士，三房七祠堂"的显赫家声。现在村内仍保留着蒙氏家庙、世科祠、功德祠、长房祠、二房祠五座宗祠。其中蒙氏家庙是最早的祖祠，始建于北宋，门楣上有宋真宗皇帝御赐的圣旨牌匾。明朝万历年间重修时，翰林院国史编修杨起元为其大门石柱撰写对联。门庭大气，雕梁画栋，门当户对，古色古香。世科祠规模宏大，装饰精美，大门匾额"叔侄亚魁"彰显仕家风骨。椽牙翘角，斗拱楼阁，藻井天花，雕龙画凤。还有巍然的功德祠（德志祠）、古朴的长房祠（昆寿公祠）、精湛的二房祠，都渗透出一种浓浓的文化气息。

恩村蒙氏家庙

恩村功德祠（德志祠）

恩村长房祠（昆寿公祠）

## 2. 周田镇风度村张氏宗祠

周田镇风度村在张屋村村委会的西南方,是唐代名相张九龄的故里,因保留着粤北唯一的"风度流芳"古门楼而被称作"风度村"或"风度乡"。村中共有五座祠堂,最老的祠堂尚存门楼、天井和祖厅,门楼内阁幸存有宋代横匾"燕翼诒谋",祖厅内杂厢房中放有张九龄与谭氏夫人的神主牌,十分难得。

村中最大、最雄伟,也是目前保存得最好的宗祠是"金鉴流芳"祖祠。该祠初建于南宋晚期,清朝乾隆年间重建,保留至今。墙体青砖打磨光滑,灰浆细线规整均匀,大门牌楼巍峨华美,门当户对做工精细。门楣大梁雕刻"双龙戏珠",其上的红底金字"金鉴流芳"匾额雍容大气,诸多梁托雀榫雕饰精湛,两旁的"莲步青云""官禄乘风"镂雕图案刻制精美、神态怡然,是那个时代建筑雕刻艺术中颇具吉祥象征意义的精品。宗祠结构为三进二天井,前厅之上有藻井,中厅作为功名举堂,内厅为祭祀堂,神龛为阶梯级,供奉祖宗神主的牌位。整座宗祠华丽大气,居当时同类建筑的中上水平。

风度流芳古门楼

金鉴流芳祠宗祖堂神龛

八村李氏宗祠

### 3. 周田镇八村李氏宗祠

八村李氏宗祠建于清乾隆三十三年（1768 年），坐北朝南，正门重檐楼阁式，青砖墙体，三进二天井，内厅阔 6.8 米，进深 39.4 米，占地面积 267.92 平方米。两侧有厢房，门檐、木板饰天花。木结构部分雕刻丰富多彩。祖厅有唐世、宋世、明世的始基祖神主牌，石柱礅雕饰图案与建筑结构精美，艺术水平可观。

八村李氏宗祠祖厅

## 4. 周田镇台滩村宋氏宗祠

周田镇台滩村的宋氏宗祠，中厅牌匾为"誉耆绅士"，建于清朝道光年间，三进二天井，十二根大柱支撑木架构，颇为大气，祠后有围楼。

宋氏宗祠中厅牌匾

宋氏宗祠门厅

宋氏宗祠三进二天井

台滩村宋氏宗祠

## 5. 石塘镇石塘村李氏宗祠

李氏家族从南宋年间迁来石塘，至明洪武年间已成望族，清康熙年间成为粤北最早的"千家村"。村中李氏宗祠自"三多堂"祖堂开始，陆续建有五个，最大的李氏宗祠在石塘村火冲村小组，建于清代，坐东北朝西南，砖木结构，面阔15.2米，进深25.6米，占地面积389.12平方米，三进二天井，前有照壁，门庭大气，左右人字形风火墙，椽牙翘角，墙檐灰饰美观。大门门当为红砂岩抱鼓石，户对四尊，正门砖柱两根，有名人对联，门额壁画精美，檐梁雕刻精湛。前厅有八角藻井，天井内祖厅宽阔宏大，六根砖柱雀榫托梁，神龛神位遗形尚在，为李姓十七世祖所建贻德堂。该李氏宗祠对研究李姓人文历史有一定的价值。

石塘村李氏宗祠祖厅（内厅）

石塘村李氏宗祠

## 6. 丹霞街道办夏富村李氏宗祠

丹霞街道办夏富村李氏宗祠位于夏富村村委会的夏富自然村。自南宋理宗年间广西苍梧县县令李子乙率亲族迁来夏富村至今，已有780多年的历史。李氏宗祠由李子乙的第七代孙于明初建成，坐西向东，砖木结构，二进一天井，面阔11.2米，进深21.8米，占地面积244.16平方米。门庭壮丽，门当为红砂岩抱鼓石，门檐梁装饰卷棚天花，雕刻精美。内厅为祖堂，宽阔大气，石柱撑顶，古联壁画，文理怡然，建筑结构形制为明代徽派建筑。

夏富村李氏宗祠内厅

夏富村村委会的下迳村小组也有李氏宗祠，坐西向东，二进五开间，面阔14.1米，进深22.5米，占地面积317.25平方米，比夏富自然村的李氏宗祠略大。门额木匾刻款记载，此祠建于清道光四年（1824年）。牌坊式门楼的正门，上有灰塑龙头鱼身之屋脊，门当有红砂岩抱鼓石和一对红砂岩石狮，建筑形式精美大观。

夏富村李氏宗祠门楼

## 7. 丹霞街道办水南村梁氏宗祠

　　丹霞街道办水南村梁氏宗祠是县城中保存得较好的祠堂。此祠堂建于清朝嘉庆三年（1798年），坐东向西，祠宽12.2米，进深21.6米，占地面积263.52平方米。二进一天井，三开门，砖木结构，青砖风火山墙，石柱撑木梁架构。祠前有卵石镶铺的太极图，祠堂内五对十根红砂岩石柱，正侧两面皆有楹联。正门上有梁氏宗祠牌匾，雄狮抱鼓石门当高1.2米，大门前石柱正侧有两副楹联，其中有"世德尽前修地枕东山来秀色；诒谋裕后代堂开南浦纳祥光"，与祠堂内石柱上的十副楹联一样文辞毓秀，行草钟灵，都洋溢着深厚的文化气息。梁氏始祖德逢公兄弟，自明朝成化年间由河源县惠化都石坡村迁往仁化县城的山坑莲花寨，明末匪乱破寨焚村，才迁来水南居住至今。祖上仕宦商贾都有建树，宗祠也渗透出一股文气与财气。

水南村梁氏宗祠石柱

水南村梁氏宗祠门厅

## 8. 董塘镇安岗村思诒堂（谭氏宗祠）

董塘镇安岗村的思诒堂作为1927年中共仁化县第一任委员会的旧址，也是仁化谭氏家族的始祖祠堂。谭氏家族始祖谭伯仓是宋真宗天禧二年（1018年）的进士，官至吏部侍郎，出镇湖湘时路经仁化，见平山里（仁化县潼阳乡、董塘一带）民俗淳美，退休后即迁来这里安居。他的八个"朝"字辈儿子的后裔遍布广东，因此，思诒堂应是南粤谭姓的始祖祠堂。

该祠始建于南宋，至清朝乾隆年间扩建成仁化县最大的宗祠。大门宏伟，石柱高擎，檐梁雀榫齐全，门当户对大气。大门右侧，乾隆九年（1744年）立的"院宪碑禁"石碑赫然犹存。过天井、进内厅，都是红岩石柱承梁，厅堂大红匾上"思诒堂"三字字体富雍，上有十字花瓣金线镂雕檐屏，工艺精美；两边石柱上的古楹联铭刻精湛："源远流自长，仰前人式觳诒谋，惠泽江河并润；枝荣本弥大，期后昆绍庭祗道，蜚英奕叶重光。"一派承前启后的家脉文风；神龛上的镂雕木屏，图案别致；侧门上的鱼龙灰塑，活灵活现；山墙檐饰福禄花篮，寓意吉祥。整座祠堂，彰显谭氏家族久远的历史人文底蕴和富厚的财力。

安岗村思诒堂窗棂

安岗村思诒堂（谭氏宗祠）

## 9. 黄坑镇南庄村刘氏宗祠

　　黄坑镇黄坑村村委会的南庄村，有一座建于清朝乾隆年间的刘氏宗祠，是明朝进士刘文渊的第十四代孙、清乾隆拔贡（进士）刘士弘所建。这座祠堂坐东南、朝西北，砖木结构，三进二天井，风火山墙，椽牙翘角，为抬梁式木架构徽式建筑。面阔14.8 米，进深 53.7 米，占地 749.76 平方米，左右有厢房。祠堂正门为三开三进牌坊式门楼，宏伟大气，方砖地面，梁檐精美，木雕工艺精良。刘氏宗祠是刘姓子孙祭拜祖宗、聚会议事之所，也是刘氏家族祖上历史荣光、家道兴旺的见证。

南庄村刘氏宗祠

南庄村刘氏宗祠之第一大天井

# 10. 扶溪镇古夏村李氏宗祠

扶溪镇古夏村历经宋、元、明、清至今，已有700多年的历史。村里800多人中90%的男丁都为李姓。村庄坐北朝南，巷道交错，拥有门楼、寺庙、古池、围寨、宗祠等古建筑20多处。李氏宗祠有老祠、西边祠、司马第祠三间，西边祠为李氏宗祠之大祠堂，前有照壁，坐北朝南，三进二天井，宽12.6米，进深28.8米，占地面积362.88平方米，砖木结构。正门的抱鼓石门当雕刻精美，户对有四。两旁侧门都有门当户对，梁、柱、檐、屏的雕刻工艺美观。

司马第祠堂是李氏择居古夏村后第十四代祖擎天公的祠堂，又称"藏用堂"。他护任过州府左堂，亦称"司马"，授六品儒林郎。该祠建于清朝康熙年间，是典型的徽派建筑，人字山墙，青砖砌就，木构梁架雕刻着精致的缠枝花卉，红砂岩石墩雕刻着瑞兽花饰，正门的抱鼓石门当雕刻着蟠龙图。石刻、木雕皆为精品，楼层木梁檐架的雕刻，均显示出一流水平，见证着这个秣陵（今南京）家族的文化底蕴。

司马第祠堂内厅

古夏村李氏宗祠

## 11. 长江镇锦江村村委会刘氏宗祠

　　锦江村刘氏宗祠位于刘家祠村小组，建于清乾隆四十七年（1782 年）。坐北朝南，二进三开间，占地面积 365 平方米。硬山顶，人字形山墙，琉璃瓦檐、滴水，五对石柱承梁，神龛巍然大气。抬梁式木架构，门当户对，雕刻精美。祠内新旧木匾悬挂，一派文化气息，是研究刘氏家族人文历史的好地方。

锦江村刘氏宗祠内厅

锦江村刘氏宗祠

# 12. 长江镇沙坪村村委会陈氏宗祠

长江镇沙坪村村委会的陈屋村小组，有一座陈氏宗祠，建于清代，祠堂内有一旁门阁楼名"琼林堂"。该祠坐西向东，二进五开间，阔18.8米，进深23.8米，占地面积447.44平方米。悬山式屋顶，人字形山墙，石雕柱础与柱拱梁架均刻制精美，雀樨梁托工艺独具一格，神龛牌位保存完好，对联匾额文气怡然。天井下有暗渠通向祠外山溪，排水功能良好，显示出一种特殊的建筑风水设计工艺。

沙坪村陈氏宗祠内神龛

沙坪村陈氏宗祠

## 13. 红山镇新田村李氏宗祠

红山镇新田村的李氏宗祠建于明代，坐西向东，砖木结构，三进三开间。阔 5 米，进深 27.7 米，占地面积 138.5 平方米。悬山式屋顶，人字形山墙，牌坊式门楼，抬梁式木结构，墙脚青砖砌筑，上部泥砖砌就。门檐装设卷棚，门楣上有"状元及第"等牌匾，二进屏风门饰彩漆画，门当户对齐全，石刻木雕工艺精美，神台装饰别致，反映出该李姓一脉深厚的历史文化传承。

新田村李氏宗祠祖堂

新田村李氏宗祠

李氏宗祠花翎游（游）府门匾

李氏宗祠状元及第门匾

## 14. 闻韶镇下徐村仇氏宗祠

闻韶镇下徐村的仇氏宗祠有两座，其中一座称"良进堂"，砖木结构，二进一天井，门楼设木结构卷棚，门檐雀榫精美。内厅祖堂上有"克绳祖武"的牌匾。该祠堂东南向不远处又有"仇氏宗祠"，冠冕堂皇，恢宏大气，门前有照壁，门旁有旗杆夹石，门楼为卷棚木结构，椽牙翘角，气势峥嵘，木梁雀榫雕刻水平高过"良进堂"。尤以内厅祖堂宽敞，神龛镂雕及木屏装饰精湛，对联工整中带有武将风度，反映出仇氏一族祖上之显耀地位及人文风采。闻韶一带原属雄州，下徐村原来是粤北经济文化发达的交通要道。舜帝南巡，帝妃清风南来守望，"闻韶阁"等都在这里，拥有99间商铺，仇氏家族在此安家落户都在情理之中。仇氏两座宗祠的旁边，尚残存古道、店巷的痕迹，见证着下徐村当时的经济繁荣和人文昌盛。

下徐村仇氏宗祠祖堂

下徐村仇氏宗祠

## 15. 大桥镇松山下村钟氏宗祠

　　松山下村钟氏宗祠位于仁化县大桥镇古洋村村委会的松山下村小组。建于清代，坐北朝南，砖木结构，二进三开间，占地面积 192.6 平方米。青砖墙体，悬山瓦顶，抬梁式架构，是钟姓居民祭拜祖宗的地方，有一定的历史文化价值。此外，还有大桥镇亲联村村委会柳州陂村丘氏宗祠、水江村村委会唐屋村的唐氏宗祠，皆为清代所建，使用至今，是一个地方的历史人文见证。

松山下村钟氏宗祠中、内厅

松山下村钟氏宗祠

客家围屋碉楼

仁化县境内的客家围屋与碉楼有数十处，是客家人为躲避兵灾匪患而建的安身立命的特色家园。

其中著名的有石塘村古堡双峰寨、灵溪大围村大围楼、灵溪溪背村碉楼、许屋村安居乐业碉楼、古竹村飞阁流丹围楼、闻韶镇路头村应和围楼、闻韶镇塘坑村韶安围围楼、周田镇新围村叶氏围楼、董塘镇五一村村委会的白屋村碉楼、长江镇灵溪村的灵溪石围楼等。

这些围屋和碉楼都见证着仁化古县北方人南迁至此客居的历史。它们与古塔、宗祠、古村、古桥、古道等古建筑，共同组成了仁化的历史人文风光。

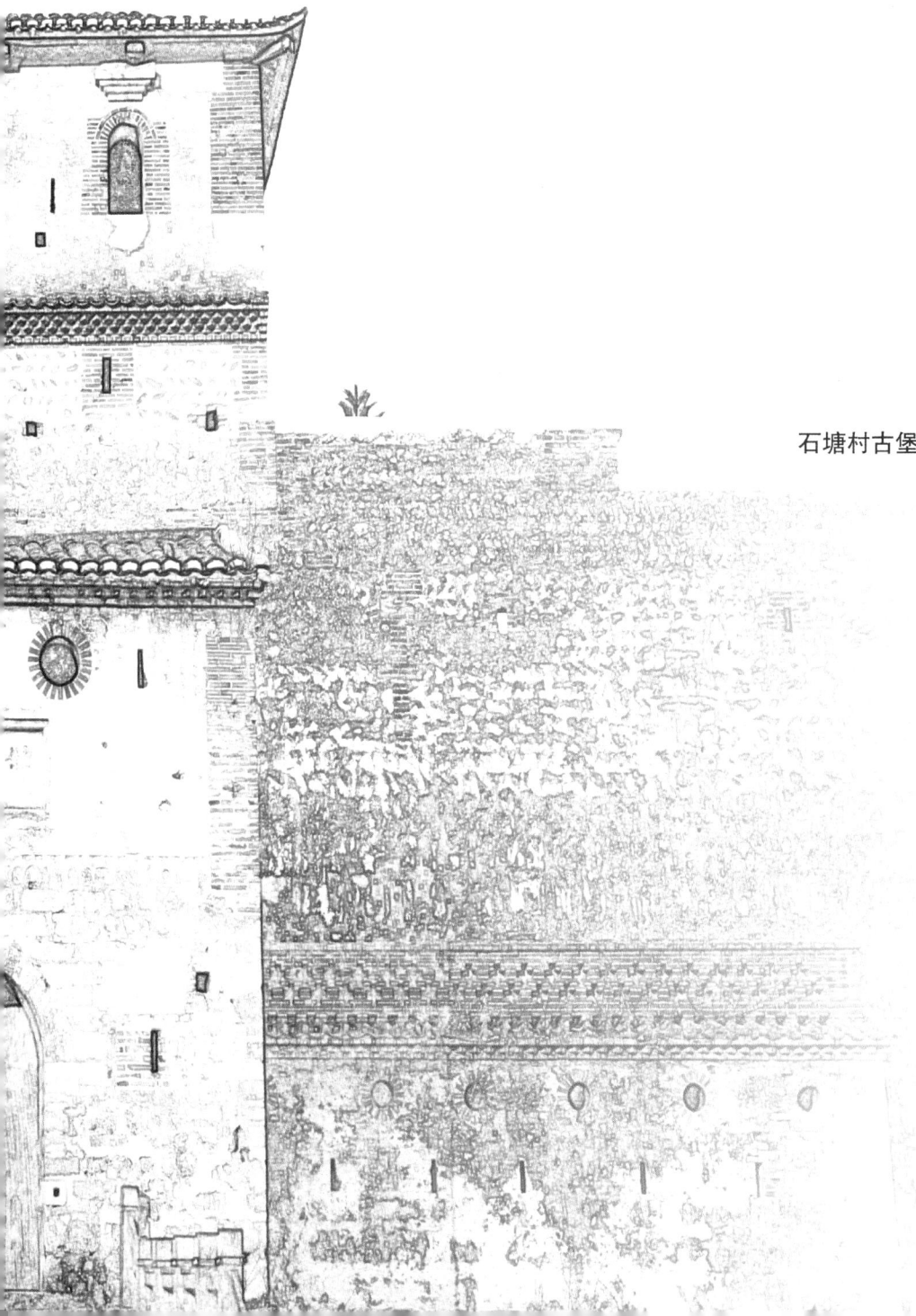

石塘村古堡双峰寨门楼

# 1. 石塘村古堡双峰寨

　　清朝咸丰九年（1859年）五月，太平军旧部由曲江进入仁化县境内，到乡村劫富养军。得知石塘村是富有之地，便发动了鹏风寨之战，将鹏风寨到石塘村北的半个村庄烧毁，有三分之一人口死亡。兵燹过后，村民族老痛定思痛，一致筹谋建造一座特大碉楼，以备战乱时村民避灾保命之需。光绪九年（1883年），以李氏族祖名下租田为基金，由李德仁、李自胜等六人为主事，富户捐田、村民出力，发起了双峰寨的修建工程。历时16年，费金三万两，终于建成了广东省内最大的古堡式碉楼，面积4 164平方米，拥有一个主楼、四个炮楼，四周墙高9米，厚1.3米，墙外四周有护城河，水深1.5米，是一座固若金汤、易守难攻的碉楼建筑。

双峰寨护城河

双峰寨西碉楼

钢铁堡垒——双峰寨全景

　　大革命时期，石塘乡农会在此办公，双峰寨成为当时的红色堡垒。1928年3月29日，国民党第二十一师一个团，伙同地方反动武装势力包围了双峰寨，寨内700多军民在红军营长李载基的率领下进行了震撼粤北的双峰寨保卫战。历时9个月，毙敌100多人，守寨军民牺牲400多人，写下了粤北农民运动史上的光辉篇章。在莫斯科召开的中国共产党第六次全国代表大会上，广东省农民协会常务委员阮啸仙将其作为中国农民运动史上第二个"海陆丰"加以肯定，是全国各地农民武装夺取政权、实行土地革命战争的先导之一。1931年2月，中国工农红军第七军在李明瑞、邓小平的领导下向赣南进军。2月6日，红军从乐昌进入石塘，在双峰寨驻军宿营，再转长江镇去江西崇义。双峰寨又一次发挥了红色堡垒的作用。1956年，石塘村被列为红色根据地。1978年，双峰寨被列为广东省文物重点保护单位、省爱国主义教育基地。2006年6月，国务院将双峰寨列为国家级文物重点保护单位，红色堡垒光照千秋！

双峰寨门楼

## 2. 灵溪大围村大围楼

仁化最大最有代表性的围楼是周田镇灵溪的大围村，全村黄姓，186 户，1 000 余人，自清康熙四十三年（1704 年）构建大围楼至今，已有 300 多年历史。灵溪大围楼的围墙呈长方形，全长 625 米，高 7 米，厚 1 米，设东、南、北三扇城门，城门锁卫，御外安内，坚如城堡。大围内是一排排巷道古民居，均为明清特色的徽式建筑，多是青砖、泥砖砌筑，取向都是坐南朝北，巷道多是卵石铺就，呈现一派客家风情。大围内原有五座祠堂，现只存两座黄氏宗祠"角里厅"和"四家厅"，均为五进三间二天井，青砖砌就，椽牙高檐，气势恢宏。"角里厅"规模较大些，神龛供观音像，右墙挂黄姓始祖峭公和他三位夫人的画像，左右两边门的门楣上，分别有"入孝""出弟"的匾额。大围内有四口井，泉水清甜，冬暖夏凉，终年不竭。泉水溪流沿道绕巷，流水不断，一派清凉舒适之感。大门的匾额和门前坪地的石柱、旗杆与马桩，见证着这里曾是人才辈出之地。

"瑞应蛟龙"东门

"悠远博厚"南门

灵溪大围村"仁义风度"北门

灵溪大围村"角里厅"正门及"入孝""出弟"门坊

灵溪大围村南门与围墙

### 3. 灵溪溪背村碉楼

灵溪溪背村小组碉楼比大围屋要小，花岗岩条石砌就，分为三层：下层为牲畜栏，中层为住屋，上层为储存室，周边有城墙状走廊，可以对外进行防御打击。如今，碉楼墙体上的大榕树，已亭亭如盖，根系如网，紧紧包裹住墙体，形成一道亮丽的特殊景观。几座碉楼，相互呼应，在防御保安方面发挥过应有的功能。

溪背村碉楼下层内景

溪背村碉楼围墙

## 4. 许屋村安居乐业碉楼

许屋村小组的碉楼，比溪背村的两处碉楼规模要大，中间有片空地，格式介于围屋与碉楼之间，都是防御保安的救急所。尤以碉楼前的大榕树为奇，树干健全无损，八个大男人都围不过来，枝叶平展遮地近亩，是这个村及安居乐业碉楼的亮丽标志。

许屋村安居乐业碉楼门楼

许屋村安居乐业碉楼前的大榕树

## 5. 古竹村飞阁流丹围楼

该围楼位于仁化县黄坑镇古竹村村委会的增兴村（曾妣村），建于民国十二年（1923年）。坐东向西，为平面四方形石围碉楼。五层，高11米，边长8.2米，占地面积67.24平方米。墙下部以四角麻石砌筑，上部为青砖砌筑，青瓦屋顶，四角顶层有碉楼岗哨，门额石横匾刻"飞阁流丹"，为村民集资防匪保安之建筑。

古竹村飞阁流丹围楼

古竹村飞阁流丹围楼全景

## 6. 闻韶镇路头村应和围楼

应和围楼为路头村清朝光绪年间六品千总温应和出资所建。青砖麻石砌筑，四角六层，高21米，建筑面积1200多平方米。围楼麻石拱门上方，有工整楷书"应和楼"门匾。首层正中有水井，每层四面墙体有内窄外宽的枪眼，顶层安放一尊火炮，防卫效能及建筑工艺在当时堪称一流。2008年，一场来历不明的大火将围楼烧毁，如今墙体门楼仍可显示出当年的规模。

路头村应和围楼

## 7. 闻韶镇塘坑村韶安围围楼

韶安围围楼位于闻韶镇华塘村村委会塘坑村，坐南向北，是长 11.2 米、宽 10.5 米、高 11.8 米的五层四角碉楼。首层及四角条石砌筑，中层墙体青砖砌筑，上层为泥土砖。围楼顶檐尚存，首层门檐上端有"韶安围"石雕门匾，建于清咸丰十一年（1861 年）。东北两角有对应的两个凸出炮楼，楼层内为松梁杉板。此楼是该村李、黄、何、林四姓人为防兵匪而集资所建，至今基本保存原貌。

塘坑村韶安围围楼

## 8. 周田镇新围村叶氏围楼

周田镇新庄村村委会新围村的叶氏围楼，当地称作"新围"。此围楼是四边形砖石结构。围楼三层，上有平顶，四周三层设有枪眼，中有楼岗门哨，建筑工艺美观，门窗灰塑花纹亮丽，是清末民初所建的新式围楼。

新围村叶氏围楼正门

新围村叶氏围楼

## 9. 董塘镇白屋村碉楼

　　白屋村碉楼位于董塘镇五一村村委会的白屋村，坐东南向西北，建于民国时期。面宽5.1米，长5.4米，高12.1米，为灰砂石混凝土砖垒筑而成。内四层构架木梁、木板，青瓦屋盖，四面倒水，为该村张姓先辈所建。现楼内各层木架构全部坍塌，只有外墙顶盖门窗犹在。

白屋村碉楼

## 10. 长江镇灵溪村灵溪石围楼

灵溪石围楼位于长江镇灵溪村村委会的高坪岭山岗上，始建于清代，以花岗岩条石砌就，四方石围，边长 40 米，高 8.5 米，砖厚 0.9 米，当时的规模可谓雄伟。

灵溪村灵溪石围楼

　　1946 年 6 月，粤赣湘北江游击支队来灵溪隐蔽，后成立中共五岭地委。1947 年 8 月，这里成立了粤赣湘边区人民解放总队，叶昌的第一支部队就驻扎在灵溪石围楼内，为抗击粤北国民党军及土豪武装而进行浴血奋战，为迎接解放大军南下、解放粤北做出了突出贡献。现石围楼虽只存北围墙一方，但炮楼枪眼、石围碟垛犹在，中间平地上一座"灵溪革命烈士纪念碑"巍然耸立，见证着这座石围楼作为粤赣湘边区人民解放总队军营的光荣历史。

灵溪村灵溪石围楼内的灵溪革命烈士纪念碑

寺庙古迹

# 1. 丹霞山锦石岩寺

　　丹霞山锦石岩寺的僧房佛殿均建于峭壁岩洞中。有千圣岩、祖师岩、伏虎岩、龙王岩四个较大的天然岩洞，洞洞相连，宽舒深广，横亘半崖，长百余米，由宽仅 1~3 米的狭长栈道相接。相应建有七佛殿、弥勒殿、观音殿、大雄宝殿等，个个背倚岩崖，面临深壑。其中，最大的岩殿为观音殿，可容千人。其岩外峭壁上有形如马尾的飞瀑，纷纷扬扬，凌空飘洒。各岩洞洞口均面临锦江，玉带盘绕崖底而过，山水交融，静流无声。其窟门开向西北，临山腰缓坡而建，有曲径相通。进入窟门，方知别有洞天，如世外桃源。

　　据《仁化县志》记载，北宋崇宁年间（1102—1106 年），法云居士自山麓攀缘而上，见锦石岩集雄奇秀美于一身，可以养静，叹曰："半生在梦里过了，今日始觉清虚！"于是聚集百余人到丹霞山下层的锦石岩开山建庵，并开始向中、上层经营。因此有法云居士是锦石岩建庵之祖之说。

锦石岩寺远景

锦石岩

锦石岩寺全景

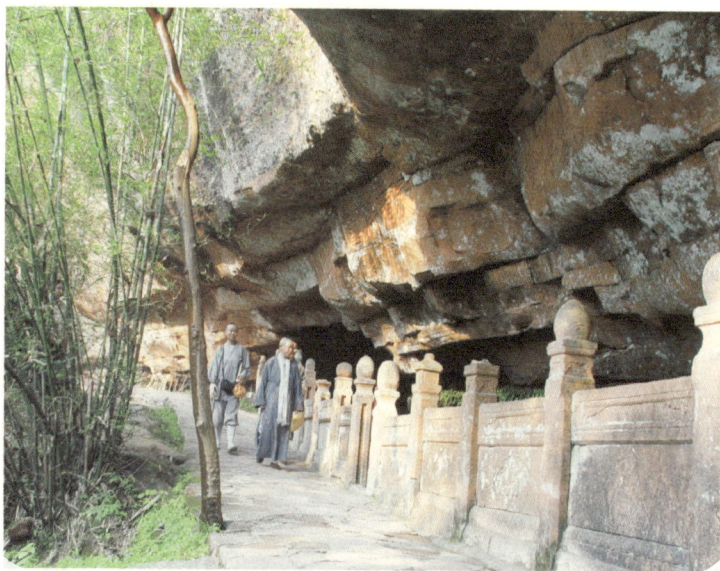

锦石岩寺之南的"浸碧浮金"泉井及石栏

锦石岩寺之南的喷玉泉

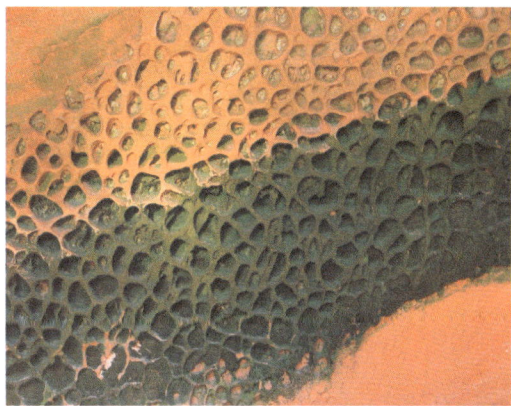
锦石岩寺内壁龙鳞片石

锦石岩洞岩间过道

锦石岩千圣岩观音殿中观音三十六化身像（一）

锦石岩千圣岩观音殿中观音三十六化身像（二）

锦石岩龙王岩大雄宝殿十八罗汉（一）

锦石岩龙王岩大雄宝殿十八罗汉（二）

## 2. 丹霞山别传禅寺

据有关历史文献记载，别传禅寺建于清朝。清康熙元年（1662年），广州海幢寺澹归和尚来丹霞山开辟道场，营建别传禅寺。先后修建大雄宝殿、弥勒殿、观音阁、藏经阁、方丈楼、禅房、客堂等，建成一座颇具规模的半山寺院，取佛教禅宗"不立文字，教外别传。直指人心，见性成佛"教义中的"别传"二字为寺名，即"别传禅寺"。在澹归和尚及其弟子的苦心经营下，别传禅寺发展很快，影响日隆，被列为"粤北三大寺庙"和"岭南十大丛林"之一，是我国著名的佛教圣地之一。

别传禅寺大雄宝殿

别传禅寺建于丹霞山长老峰半山腰的平台上，因受地形限制，寺院布局紧凑密集，但功能齐全。山门、天王殿、钟鼓楼、大雄宝殿、藏经阁、配殿、禅房、客堂、斋堂、菩提精舍客房、僧舍等均按大庙格局布置，建筑面积约 10 000 平方米，错落有致，浑然一体。背靠长老峰，面对锦江，前有小坪，两侧翠竹、芭蕉掩映，山风习习，树声沙沙，甚为清幽。每日清晨，河谷山间烟雾升腾，云海托起山寺，仿佛仙山琼阁，给人无限遐思。中国佛教协会原会长赵朴初先生有诗赞曰："群峰罗列似儿孙，高坐丹霞一寺尊。定力能经桑海换，丛林尚有典型存。"

李汉魂题寺名

别传禅寺进寺前门

# 3. 丹霞山仙居岩

丹霞山仙居岩相传是道教创始人张天师降白虎、救青龙时居住的岩洞。后人为纪念张天师降白虎、救青龙的恩德，便在此建庙。直到清乾隆五十八年（1793年），仍有关于仙居岩尚有道士活动以及道人陈誉深入韶石山腹地，重修金岩庙的记载。

仙居岩有道观三间，道房五间，水池一口，保存至今。仙居岩面向西北，为后天八卦之乾位，左前方为九龙峰，后依八卦顶绝壁，前有芭蕉冲山谷，环境封闭幽静，乃凡尘不染之地。大殿凌空飞架，气势夺人。在此修炼，可远避法器，早日得道。芭蕉冲山谷又称"真仙谷"，一路奇石异洞，尤以洞前一片芭蕉林称奇，相传为古代道士所植，蕉林正置崖下，崖顶四季飞雨飘洒，自成天然奇景，雨打芭蕉，别具岭南情趣。近年来风景区在仙居岩遗址上斥资重修仙居观，以恢复道教活动。

丹霞山仙居岩道观

## 4. 五台山寺

当地人称大石山区的五台山为"五头寨"。五台山和五仙岩背靠背，五仙岩在东南面，五台山在西北面，是一处历史文化积淀深厚的旅游景点。五台山寺门匾屹立在半山腰上，是南宋宋理宗淳祐癸卯年（1243 年）由董塘江头人叶柳洲所建。山窝左右各有寺庵，左为云材谷，规模较小；右为大殿，是一处集风光、人文、宗教为一体的游览胜地。

五台山寺山门前两边由条石围墙连崖而建，由于历史久远，门楣宝顶檐边已不复存在。山门两边的方形门框上，一副草书楹联笔走龙蛇，雕刻精美："云峰万里小，仰首一天倾。"进得此门即是一处天然岩洞。洞外是红条石铺就的走廊，廊柱、天棚尚有残存。该洞长 20 余米，深 2~5 米，中间为大殿，两旁是偏殿厢房，左右厢房内的壁石崖上，各有"心旷""神怡"的摩崖石刻。而中间大殿的内壁匾额上，双勾阳刻"岭南特境"四个草书大字，字体富雍，笔画雄浑，右边款为小字"康熙书"，左边款为小字"山人叶立"。大殿外石阶走廊中间的两方石柱，刻有"灵山千古秀，花木四时春"的对联，对仗工整，字端笔丽。左方又有一处坍毁的大宅院，门口有一块清雍正五年（1727 年）叶家树立的门匾，上面草体阳刻"折桂处"三字。五台山、五仙岩等多处山寨洞府、山庄宅院，也是历史演变、改朝换代、兵荒马乱时，乡党民众避世隐居的场所，尤其山中及山顶的田园坪坝，更是避乱者赖以生存的世外桃源。而一旦新王朝的皇帝坐稳江山，天下太平后，这一类苦心建造、经营的山野别业，便转而成为文人雅士寄情山水的驿馆，或成为当地学子们苦修以期折桂的学堂。这样的山中学堂，在大石山区就发现了四处。

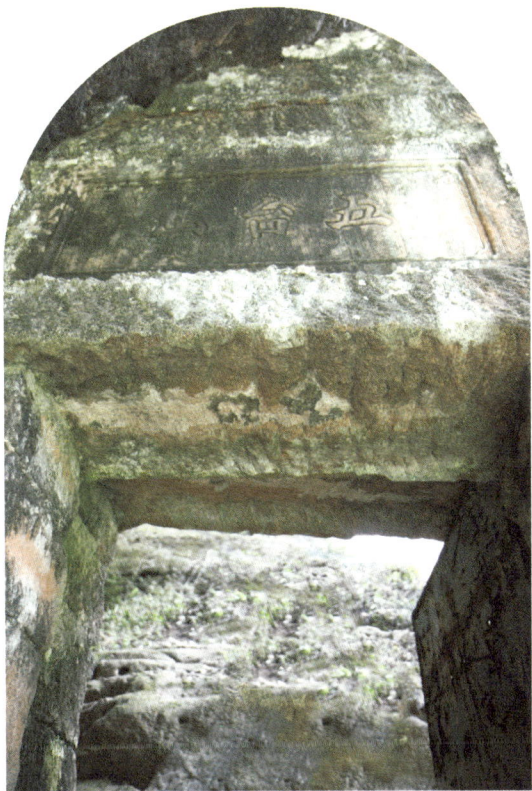

五台山寺之石刻门匾

## 5. 观音山寺

　　观音山寺遗址坐落在观音山最高峰。由飞云岩过第一道山门，走到一处平坦地坪的右侧岩洞内，就是观音山寺了。观音山寺颇具规模，红砂石为基，泥砖为墙，岩洞内壁上方凿洞，接纳梁椽，洞内尚残存灰浆青瓦。从墙基看，这里有殿堂杂屋十余间，砖墙全倒，一片狼藉，唯内部的二方石碑可溯史迹：一是《观音山重刻满堂佛像金身碑记》，时为清乾隆十三年（1748年）冬月立；二是《观音山重修殿宇碑记》，时为清乾隆三十四年（1769年）秋立。据清同治《仁化县志》载：夏富乡有西峰寺、观音山寺。西峰寺为宋时建，明永乐五年（1407年）重修，嘉靖年间再重修。推算观音山寺的始建时间，起码应在明代初期，而今坍塌的泥砖寺殿建筑，据老人传是清末民初所建，与第二道山门应为同时。寺院空地之隙，有山橘、野烟叶世代传承，烟叶虽小，但口味醇浓，可资岭南烟草种植沿袭之研究。据众多的石磨、石臼及陶瓷残片，亦可推断此地历史之悠久。

进观音山寺遗址第一道山门

观音山寺遗址

进观音山寺遗址第二道山门

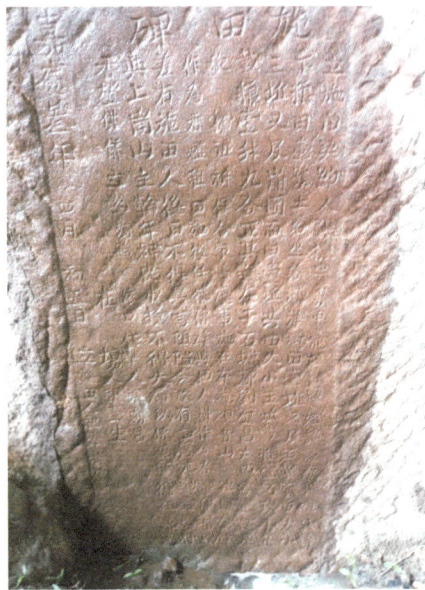

观音山寺遗址施田碑

## 6. 燕岩禅寺

燕岩海拔 603 米，在大石山的南区，是大丹霞区域内第二高峰。它山势巍峨雄伟，陡崖峭壁，俯仰峥嵘，高峡深渊，令人望而生畏。山腰处有燕岩禅寺，从寺右后方爬过三级石壁，即有山径通向燕岩绝顶。山坡林木茂盛，有老杨梅树六棵合为一棵，占地半亩，被称为"梅山六兄弟"。山顶是龙脊状的红岩巨石，绵延起伏，如巨龙腾跃。

燕岩禅寺选址在绝壁上的大岩洞中，洞容达 400 多平方米，据当地农民反映，这是一处神仙点化的风水宝地，冬无虱蚤，夏无蚊蝇，连蜘蛛都没有。据传是吕洞宾云游到此，夜宿燕岩石床上，一蒲扇扇走了所有的虫蚊蛰蛊，留下了一片清凉净土。

燕岩禅寺全景

燕岩禅寺正殿

燕岩禅寺下侧门

# 7. 西竺岩寺

西竺岩在燕岩东北方向，两相比对，前者高度雄浑不如，地势较为平缓。

西竺岩寺位于董塘镇白莲村村委会白泥垅村西北 1.5 公里处的长富岭山腰间，坐东朝西，始建于宋代，明嘉靖二十三年（1544 年）重修，清同治元年（1862 年）复修。"文革"动乱时又有佛像、古钟遭砸毁，至 2006 年经禅门弟子释印宗法师主持重修。

西竺岩寺门匾

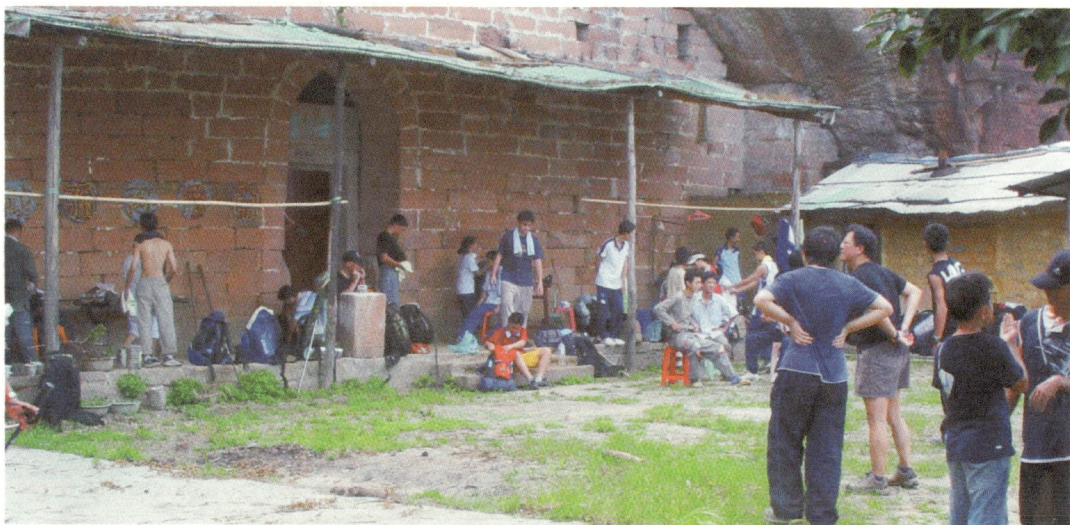

西竺岩寺

## 8. 天乙山寺

　　天乙山寺位于董塘镇白莲村村委会白泥垄村西北 2 公里处，建于清乾隆年间。其南门嵌建于悬崖峭壁之中，红砂岩条石砌筑的北门门楼上方，一块红岩石匾草书阴刻"天乙山"三字，左边刻"隐居山人叶长青立"一行小字。进门洞内右侧有祭拜坛，沿石阶而上有寺房二十二处，都是依岩洞而建，砂岩条石作房基，青砖红石为外门墙，二十多处洞房连成一线，外有红砂岩或青砖铺就的街道，颇有气势。街道左端悬崖边有水池"长清泉"。刻于清乾隆十四年（1749 年）的"长清泉"摩崖石刻，为董塘镇江头村人叶长青所写。当时，天乙山寺的规模应比锦石岩寺要大，连续十六间岩寺洞宅长 100 余米。名人遗迹及摩崖石刻也有数十处。

天乙山上之长清泉

天乙山寺北门门匾

天乙山寺嵌崖之门（南门）

天乙山内北门

天乙山顶狗头岭

91

# 9. 云龙寺

　　云龙寺位于董塘镇安岗村村委会安岗村，原名"西山寺"。唐朝咸通年间，河北惠懿禅师来仁化驻锡，创建大云禅寺，咸通十三年（872年）坐化。到晚唐乾宁、光化年间，时人在大云禅寺原址上兴建西山寺，后称"云龙寺"。

云龙寺

## 10. 澌溪庙

澌溪庙位于董塘镇澌溪山瑶族村，建于清朝康熙年间，坐北朝南，砖木结构，面阔 9.1 米，进深 10.4 米，面积 94.64 平方米。三开间，硬山顶，人字山墙。前门额木雕横匾阳刻"澌溪古庙"，庙院两侧砌砖墙作为厢房。大厅安放二尊福主木雕神像，后墙正中彩绘巨幅麒麟，左右厅堂安放数尊木佛神像，是当地民众信仰佛道和谐的风俗见证。

澌溪庙门面

澌溪庙全景

# 11. 龙头庙

　　龙头庙位于周田镇周田村村委会张屋村，建于清道光九年（1829 年），坐北朝南，砖木结构，面阔 7.5 米，进深 8.8 米，占地面积 66 平方米。硬山顶，人字山墙，椽牙翘角，翠绿瓦檐，屋脊绘彩陶双龙戏珠图，庙堂梁柱、雀榫托梁精湛大气。墙壁的多彩壁画、正堂的 11 尊木雕神像、供台神龛的工艺档次，都堪称是当地的高水平。

龙头庙内神龛供台

龙头庙

## 12. 龙母庙

龙母庙位于扶溪镇厚塘村村委会厚塘村小组。主体结构为清代重建，坐东北向西南，三进三开间，面阔 13.9 米，进深 41.2 米，占地面积 572.68 平方米。硬山顶，风光墙，抬梁式结构，琉璃瓦滴水，灰塑古屋脊。青砖砌墙，木梁结构，青瓦屋顶。三厅屋顶风格各异，正门橼牙翘角，门额横匾刻"南台庙"，屋顶绘双龙戏珠。前厅、中厅、上厅之门墙天花，异彩纷呈，抱鼓石门当，卷棚藻井，拱门楼阁。正厅堂的龙母娘娘雕像，以其神态端庄、慈容和善吸引着古今信民。龙母庙是粤北有名的龙母圣地。

**龙母庙殿阁**

**龙母庙**

龙母庙正前门

龙母庙侧门

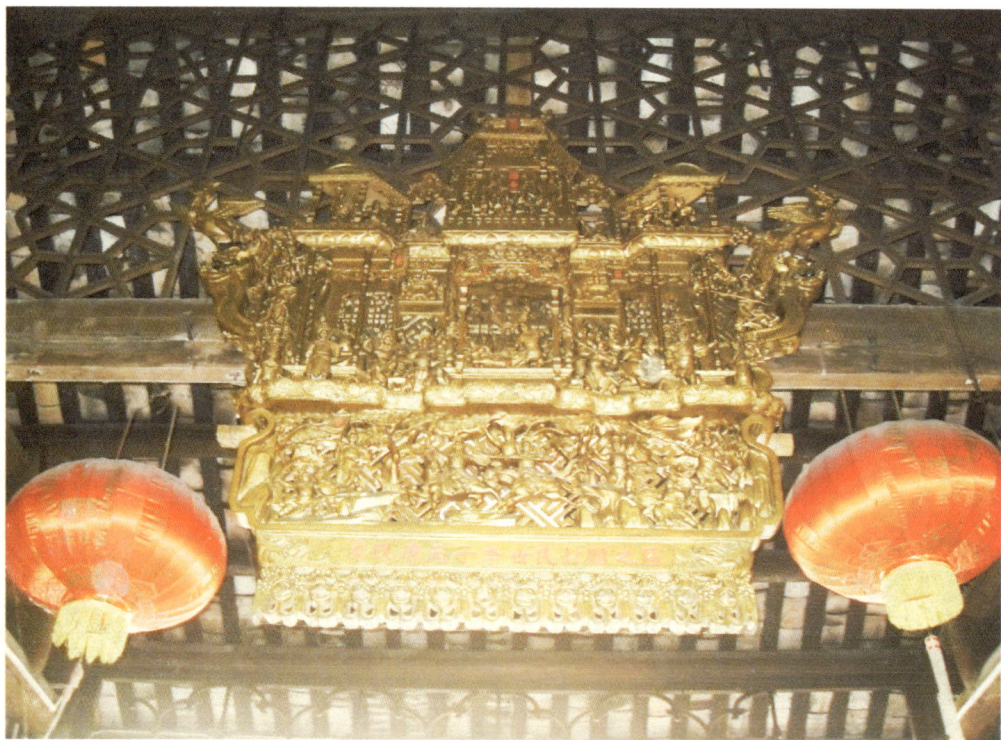

龙母庙内唐太宗李世民封赠之匾

摩崖石刻

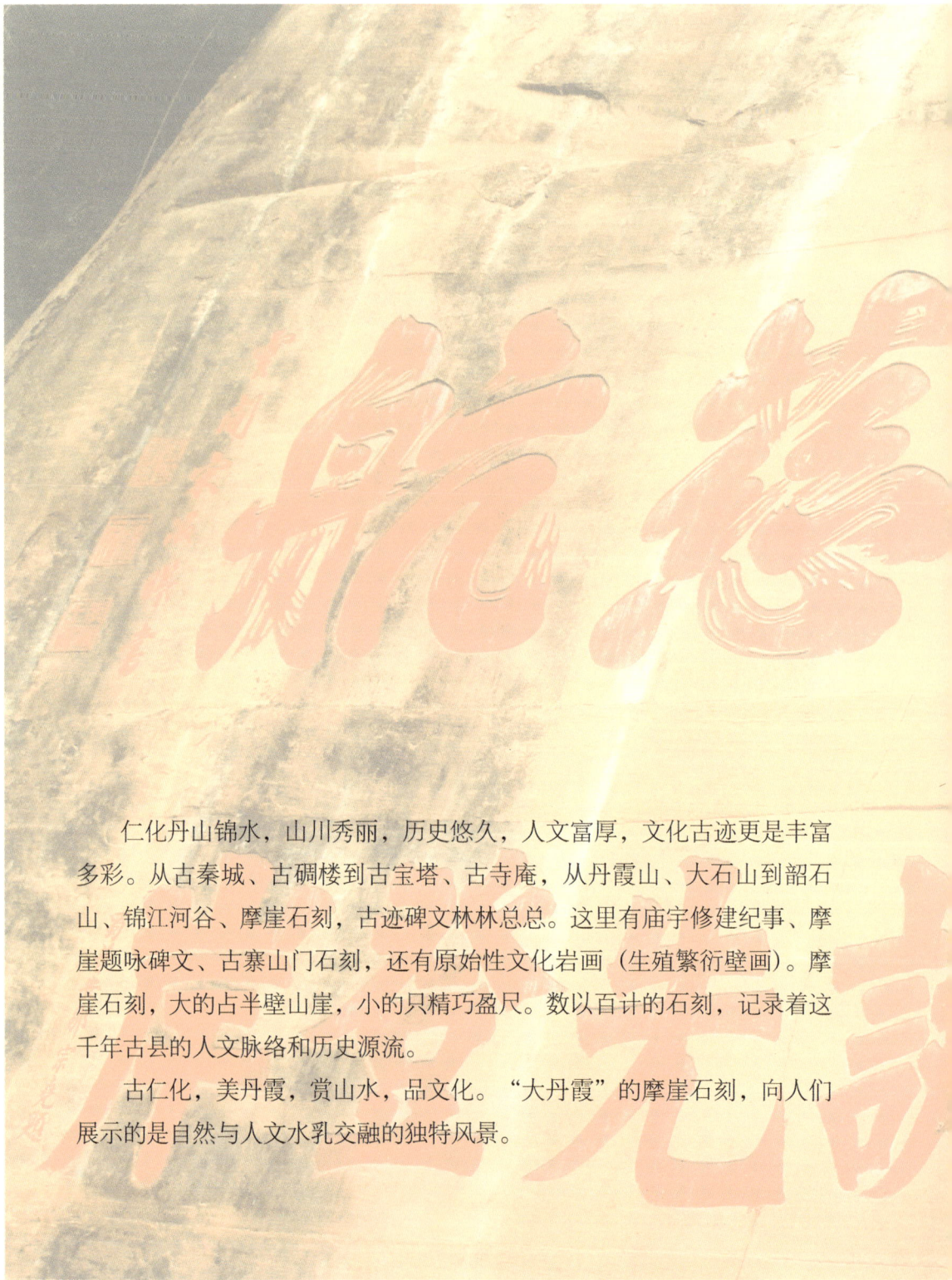

仁化丹山锦水，山川秀丽，历史悠久，人文富厚，文化古迹更是丰富多彩。从古秦城、古碉楼到古宝塔、古寺庵，从丹霞山、大石山到韶石山、锦江河谷、摩崖石刻，古迹碑文林林总总。这里有庙宇修建纪事、摩崖题咏碑文、古寨山门石刻，还有原始性文化岩画（生殖繁衍壁画）。摩崖石刻，大的占半壁山崖，小的只精巧盈尺。数以百计的石刻，记录着这千年古县的人文脉络和历史源流。

古仁化，美丹霞，赏山水，品文化。"大丹霞"的摩崖石刻，向人们展示的是自然与人文水乳交融的独特风景。

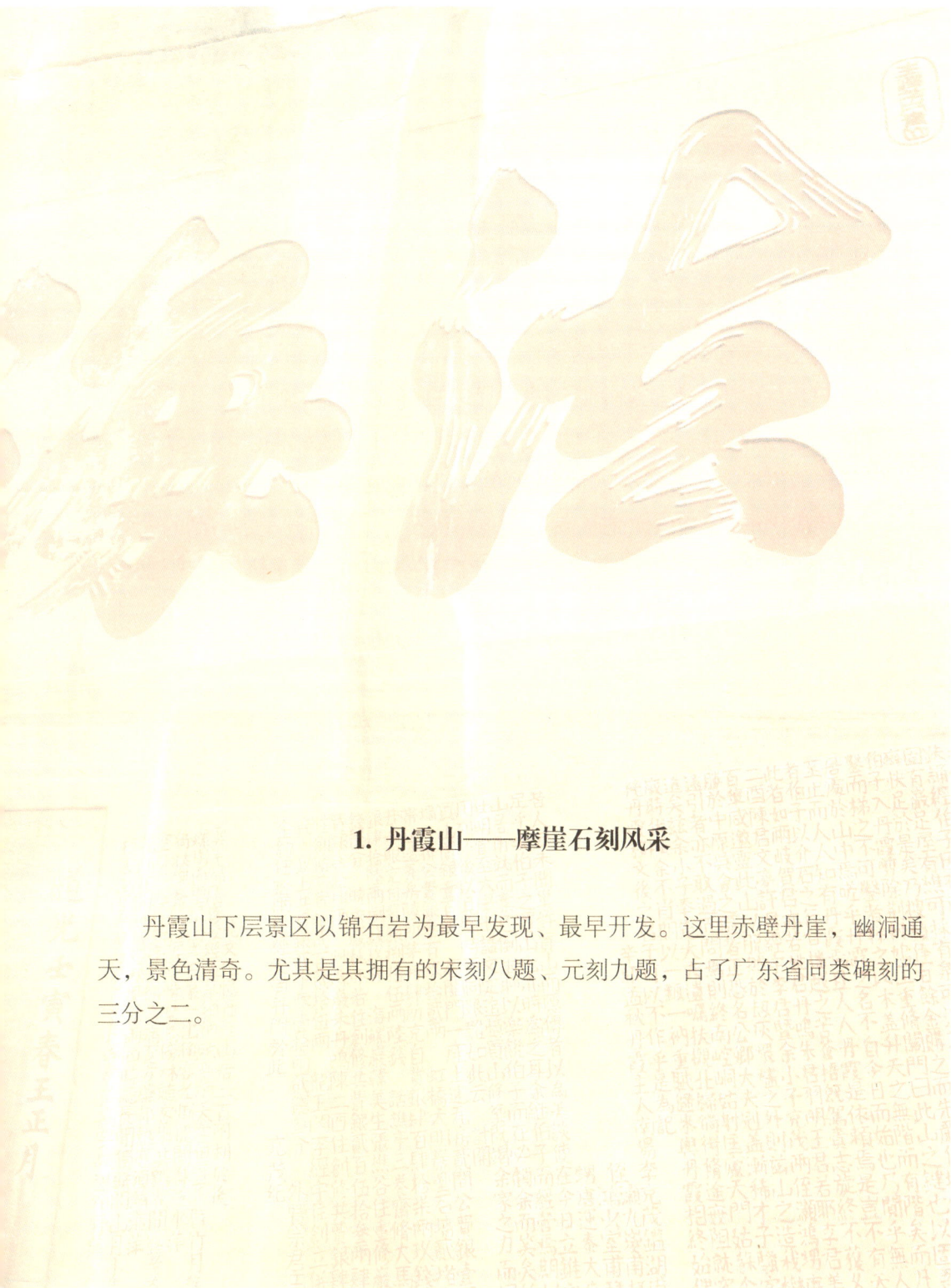

## 1. 丹霞山——摩崖石刻风采

丹霞山下层景区以锦石岩为最早发现、最早开发。这里赤壁丹崖，幽洞通天，景色清奇。尤其是其拥有的宋刻八题、元刻九题，占了广东省同类碑刻的三分之二。

## ※ 锦石岩的史迹文刻

锦石岩今存大小近百处摩崖石刻，早期的有北宋熙宁年间（1068—1077 年）刻于锦石岩观音殿右侧小房子内的僧人道蕊题的《募缘纪事》（高 70 厘米、宽 55 厘米）、《善信舍钱纪事》（高 107 厘米、宽 93 厘米）和刻于锦石岩过二门通道的右壁上的僧人道聪所题的《砌阶道纪事》（高 100 厘米、宽 90 厘米）。碑文虽有残缺，但年代史事尚可鉴知。

宋代碑记，有曲江进士邓嘉猷为法云居士营建锦石岩而作的《锦石岩记略》、仁化县县令蒙天民的《锦石岩龙王灵感记》等。

元代碑记相对少些，有桂阳军匠刘贵通兄弟的《锦岩筑桥施工记》、桂阳石匠刘义夫兄弟的《造塔题记》、至元二十九年（1292 年）的《何大琳记事刻石》。元朝时间短暂，岭南遗迹不多，锦石岩有此摩崖石刻三记，弥足珍贵。

到了明代成化年间，韶州知府王宾的《重修锦石岩记》首开记事石刻的先河，其石刻规整美观，文章流畅，文字雕工精湛。此后嘉靖年间的《重修栏杆碑记》《游锦岩记》，隆庆年间的《龙甲桥碑记》（锦石岩下的龙甲桥，建成于明隆庆二年春。

锦石岩崖壁上赵朴初的"大吉祥"书刻

锦石岩龙王岩细部

募缘僧性显为立碑记事，碑文作者当是捐资修建该桥的仁化县刘氏族人。此碑于2005年锦石岩改造整修时被发现，现镶嵌于锦石岩观音殿左门前的"天造锦岩"摩崖刻文的下面，高115厘米，宽54厘米。楷书，文27行，行满45字。碑文中"丁巳"乃"丁卯"之误，细察文义可知)，永历年间的"普同塔"塔匾，天启年间的《僧性顺立寺田碑》和万历年间的《台雁争齐》等，书法功力及雕刻工艺都堪称精湛，反映出那个时代仁化历史文化的水平。

清代是丹霞山文化兴旺发达的辉煌时代，锦石岩的记事石刻又添新章：康熙四十五年（1706年）的《建造码头碑记》、康熙五十一年（1712年）的《重装观音韦驮碑》《重装罗汉题记》、乾隆三年（1738年）的《紫岭重修碑记》、嘉庆十九年（1814年）的《长江重塑碑记》等，都从不同角度，记录下当时官家富贾、地方望族对锦石岩寺庵修建的热心参与和支持。

除记事石刻外，锦石岩的题咏石刻也丰富多彩。刻于锦石岩大雄宝殿左侧岩壁上的"锦岩"二字，宽3.6米，高2.16米，是这里最大的摩崖石刻，正楷端庄，气势如磐，是南宋淳祐六年（1246年）蜀人赵汝耒所书。上面还有"洞天"二字，两旁对联为"丹霞悬老汉，碧洞锁闲云"，俨然一派超然世外的禅隐文趣。

　　锦石岩的摩崖匾额还有老山门的"安定门"，七佛殿左侧门楣上的"仁山""梦觉关"，大雄宝殿顶壁上的"乾坤"，锦石岩凉亭顶壁上的"天造锦岩"，放生池顶壁上的"喷玉泉"和"浸碧浮金"等，独具文化品位。

　　特别是宋、元、明、清历代官家名流、文人墨客写的诗词题咏石刻，共同组成了一部描绘丹霞山的历史诗丛：像南宋淳祐壬子年（1252年）刻于大雄宝殿左壁上的《子发诗刻三首》（摩崖刻文，高61厘米，宽130厘米。诗十二行，为七言诗，楷书。阮元《广东通志·金石略》有记），元代元统年间（1333—1334年）刻于锦石岩山门前通道侧岩壁上的《野逸居士诗刻》（高50厘米，宽20厘米，楷书），明嘉靖五年（1526年）刻于大雄宝殿内顶壁上的《喻模游锦岩记事》，周延的《游锦岩次东川罗先生韵》[刻于锦石岩大雄宝殿左侧顶壁上。碑高66厘米，宽222厘米，行楷书。文21行，行满21字。周延，明吉水（今江西省吉水县）人，嘉靖初任新会县县令，后任广东布政使。罗侨，明吉水人，周延同乡，进士。嘉靖二年（1523年）任广东左布政]和道岩（喻模）的《次前韵》（明嘉靖五年刻于锦石岩大雄宝殿顶壁上，摩崖刻文。碑高46厘米，宽206厘米，为七律三首，楷书），明嘉靖仁化县教谕陈锭

锦石岩法云居士首座之"梦觉关"石刻

的《游锦岩偶赋》等。

　　特别是嵌于大雄宝殿旁第二个房间壁上的明嘉靖韶州知府符锡的《奉和锦石岩诗六首》，前有和诗缘由，后有六诗景观依据，诗与文都堪称绝响，对锦石岩景致描述甚为独到，作者满腹经纶，才华透溢碑盘。

　　还有张锦的《登锦石岩二首》诗碑（大雄宝殿前），谭曜的《锦岩次半醒子韵》（大雄宝殿左侧岩壁。谭曜，仁化扶溪人，湖北远安知县），明嘉靖年间（1522—1566年）的

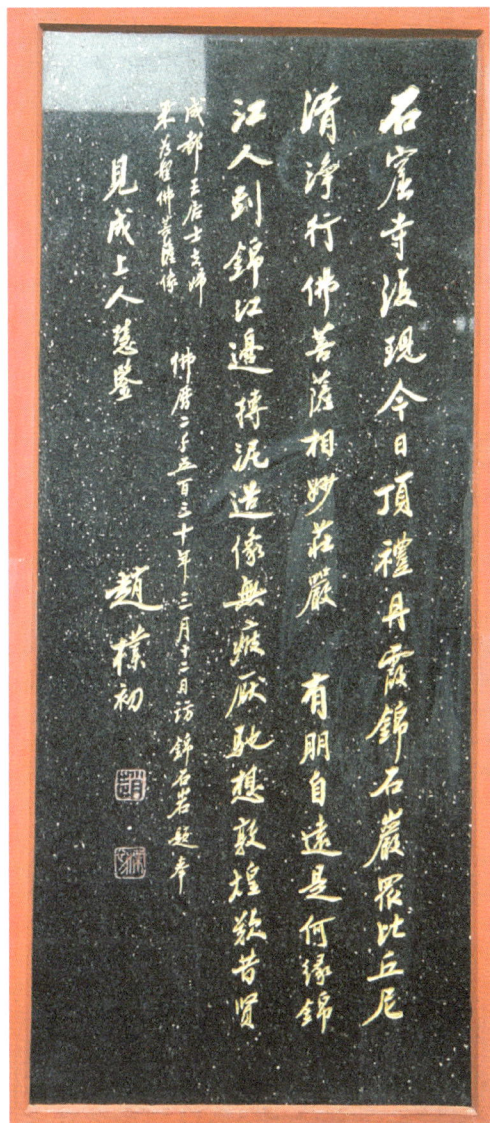

赵朴初赠锦石岩见成大师诗刻

《刘大器诗刻》﹝刻于锦石岩大雄宝殿左侧，摩崖刻文。高 68 厘米，宽 160 厘米，草书。刘大器，明桂林（今广西桂林）人，举人，明嘉靖时任仁化县教谕﹞，明嘉靖年间《于祥、喻模和韵毕逊卿诗刻》﹝刻于锦石岩大雄宝殿左侧壁上，摩崖刻文。长 37 厘米，宽 160 厘米，楷书。于祥，明代东乡（今江西省东乡县）人，嘉靖元年（1522 年）任仁化县县令。毕逊卿，明贵溪（今江西省贵溪市）人，嘉靖时任韶州府学训导﹞，明万历六年（1578 年）的《蓝遇兆诗刻》（刻于锦石岩大雄宝殿左侧顶壁上，摩崖刻文。高 40 厘米，宽 72 厘米，楷书。蓝遇兆，明广东大埔人，万历六年前后任仁化县阴阳学训术），明万历十四年（1586 年）《王继芳诗刻》﹝刻于锦石岩大雄宝殿左侧壁上，摩崖刻文。高 32 厘米，宽 89 厘米，为七言诗，楷书。王继芳，字斗坡，明闽县（今福建省闽侯县）人，举人，明嘉靖四十五年（1566 年）任仁化县县令﹞，明万历二十一年（1593 年）的《王弘海诗刻》﹝此诗共刻两处，一刻于锦石岩大雄宝殿左侧壁上，一刻于石碑。后者现存于锦石岩大雄宝殿左侧十八罗汉像前地上，高 131 厘米，宽 69 厘米，行书。王弘海，字忠铭，一字绍传，自号天池居士。明代广东琼州定安县（今属海南省）人。嘉靖四十年乡试第一，四十四年进士。官至南京礼部尚书﹞，明万历年间黄华秀的《同太翁游锦岩诗刻》﹝刻于锦石岩大雄宝殿左侧壁上。高 89 厘米，宽 32 厘米，楷书。黄华秀，字居约，号桂齐。明南安（今福建省南安县）进士。万历十八年（1590 年）任韶州府推官﹞，明万历三十七年（1609 年）吴安国的《同吴公登锦石岩韵》（此碑现存于锦石岩大雄宝殿右侧雕供台面。高 63 厘米，宽

108 厘米，楷书），明万历三十七年（1609 年）仁化县县令武光宸的《和吴公登锦石岩韵》[碑刻置锦石岩大雄宝殿右侧罗汉像前。高 68 厘米，宽 136 厘米，楷书。武光宸，即武令君，秣陵（今南京）人，举人。明万历三十一年任南韶兵备道参议。吴公，吴安国，明长洲（今江苏省江宁县）举人。明万历三十五年至四十年任仁化县县令]，明天启仁化县县令董一化的《登锦石岩诗刻》[刻于锦石岩大雄宝殿左侧"锦"字右下角，高 157 厘米，宽 38 厘米，草书。董一化，明湖广蕲州人。泰昌元年至天启四年（1620—1624 年）任仁化县知县]，清顺治四年（1647 年）仁化县县令蔡嘉复的《游锦石岩诗刻》[刻于大雄宝殿顶壁上，摩崖刻文。高 126 厘米，宽 116 厘米，草书。蔡嘉复，清衢州（今浙江省衢州市）举人。清顺治四年任仁化县县令。逝后葬仁化水南村文峰塔旁]，明嘉靖二十八年（1549 年）何碧山刻的《三字偈》（刻于锦石岩大雄宝殿左侧壁上伏虎罗汉后面，高 70 厘米，宽 55 厘米，楷书），《道簿皇中残刻》（刻于锦石岩大雄宝殿左侧的岩壁上。高 70 厘米，宽 101 厘米，楷书。道光《广东通志·金石略》载此，有案云：题名在仁化锦石岩，不著年代，以字考之，盖宋刻也）以及赵朴初的《大吉祥》等，共四十余首之多。

锦石岩下锦江岸边崖壁上的"龙蟠虎卧"摩崖石刻

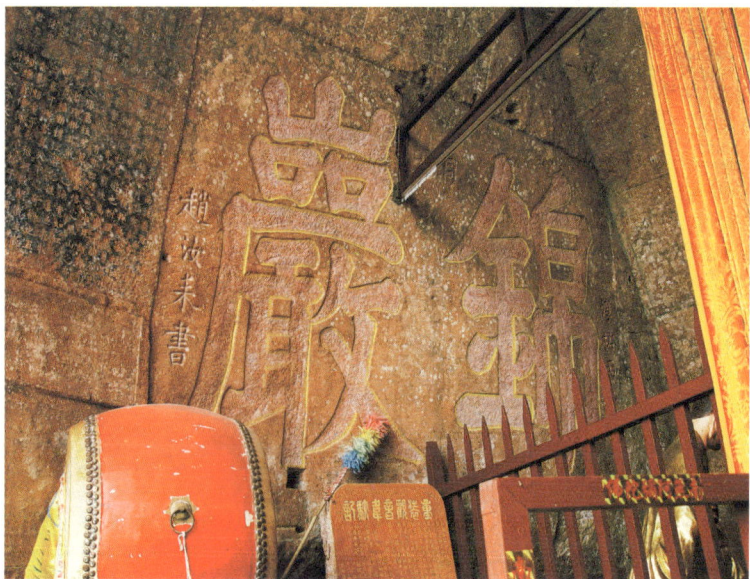
丹霞山最早的石刻——赵汝耒书"锦岩"巨型石刻

## ※ 别传禅寺的大气石刻

丹霞山最为雄伟大气的摩崖石刻应在以别传禅寺为核心的中层景区。

由锦石岩山门右侧拾级而上，山崖左壁上为民国时期广东省教谕林翼中石刻的《拔地千尺，倚天两关》，此文道出了中层景区的险峻。再登临一道陡阶，仰首瞻望，巨幅摩崖石刻"到此生隐心"赫然入目。这一石刻出自清朝康熙年间广东巡抚高承爵的手笔，宽 13.1 米，高 3.5 米，字体方刚，笔力千钧，这位武将文武兼备的才气，令许多书法名家赞叹不已！其左方崖壁上的"丹霞"二字，为关中（今陕西渭河平原）人广东按察使王令所书，赤壁丹书，富雍大气；右方的"法海慈航""诞先登岸"以及丹霞山主李充茂的《丹霞山记》，构成中层景区摩崖石刻之大成。右上的"丹霞山别传寺""禅林第一""红尘不到""赤城千仞""耸秀争奇"以及康熙三十七年（1698 年）刘授易的《丹霞志成题石记》、卜玉堂的"南无释迦文佛"、乾隆年间的《奉旨严禁侵牟寺产碑记》、康熙年间钦差内务府三级榷使丁世俊的《游丹霞山记》、道光元年（1821 年）仪克中等四人修《广东通志》时所写的《丹霞山采访记》、别传禅寺老山门内清乾隆三十一年（1766 年）的《奉钦差巡抚广东都察院铭文》等，均记录着丹霞山的开发经历。而《重修丹霞山记》，则出自民国时期广东省政府主席李汉魂之手。

别传禅寺下摩崖石刻"到此生隐心"

刻于别传禅寺后悬崖峭壁上赵朴初的《访丹霞》诗碣，巍伟磅礴，为书镌之上品。丹梯铁索右旁石壁上的"宜若登天"、左边悬崖上的"别有天"、山顶下的"海螺岩"、海螺峰东面高承爵的"雪岩"、宝珠峰韶音亭的长联及《韶音亭记》、丹霞巨轮北端的"舵石"等，都称得上是丹霞山上层景区摩崖石刻的代表。

别传禅寺下崖壁上的关中人王令石刻"丹霞"

别传禅寺下崖壁上的"法海慈航""诞先登岸"石刻及《丹霞山记》铭文

别传禅寺右山崖的摩崖石刻

别传禅寺下崖壁右方的石刻

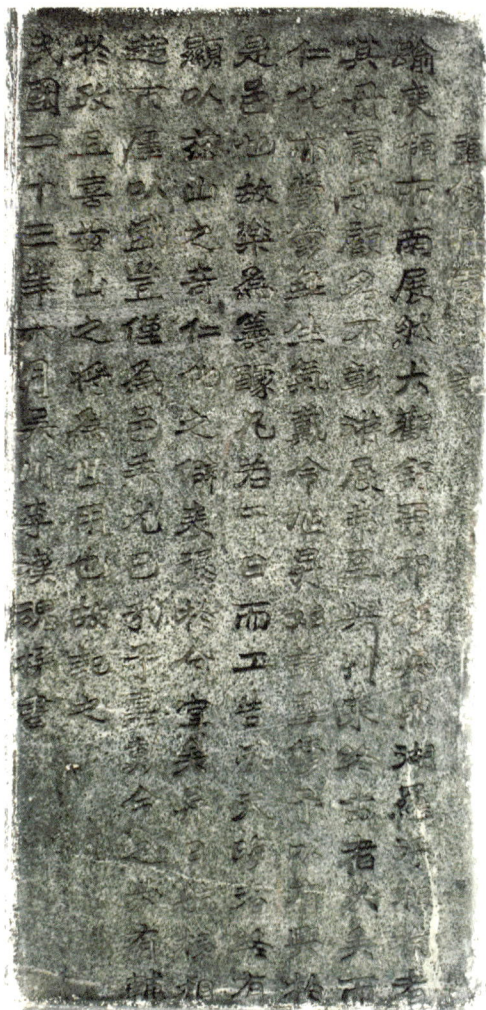

民国时期广东省政府主席李汉魂的
《重修丹霞山记》碑文

别传禅寺后山崖石壁上赵朴初咏赞丹霞山的诗

别传禅寺上长老峰的赤壁天梯

长老峰下海螺岩石刻两幅

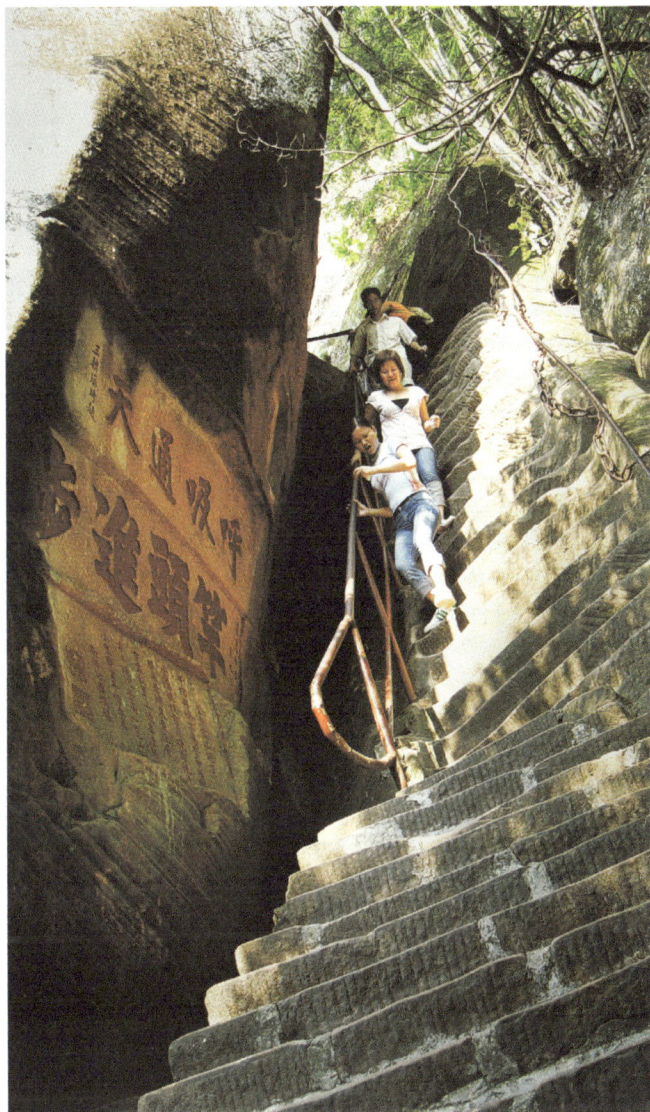

## ※ 断石村禄意堂遗碣

禄意堂位丁仁化县丹霞街道黄尾村村委会断石村西北 1.5 公里处，始建于明代。民国八年（1919 年），仁化县城六大财主合伙买下此山，建寨宅以避战乱。此寨依山岩洞穴而建，以红砂岩条石砌筑一排五间房宅，规模气势可比天乙山寺，只是地板全为红砂岩铺就，宽敞舒适尤胜一筹。正堂岩壁阳刻"仁城禄意堂"五字，右款阴刻"民国八年重修"，左款为卜姓、刘姓等六姓财主的名号。此外，北门、南门都建有山寨门楼，地势险峻。

断石村禄意堂北山门

断石村禄意堂中厅匾

断石村禄意堂北门前景

断石村禄意堂内的门与厅堂

断石村禄意堂六个厅堂的石墙与门窗

断石村禄意堂一隅

## 2. 大丹霞——古寨石刻

　　丹霞山自古就称有一百零八山寨，这些古寨依赖"顶平、坡陡、险峻"的山体地势，将寨门嵌建在悬崖绝壁上，或设卡于岩缝栈道之间，呈"一寨锁关，万夫莫开"之势，是历史上兵荒马乱时期仁化官贾与山民百姓的避难所，也是末代王朝的官宦、携财避乱的富户、看破红尘的僧道、谋求清静的文人避世的桃源、心中的乐土。因此，这些古山寨蕴藏着丰厚的历史人文内涵，也遗

存着许多古迹碑铭。如天龙庵的《重建天龙福地碑记》，姐妹峰的"屯军寨"山门，朝天龙的"磐谷山"门匾，石塘人建的平头寨，天笔岩的"经城""白鹿遗胜""白面神岩"，川岩的《弥陀石刻碑文》，集贤洞的《龙华庵碑记》，仙山琼阁景区至大小巴寨的古寨门楼石刻等，都是仁化人文历史的印记。

## ※ 大石山区摩崖石刻群——五仙岩摩崖石刻

在大石山区，五仙岩有"云谷""紫盖洞"等几个著名的摩崖石刻。

五仙岩施田碑

五仙岩紫盖洞山寨石门

## ※　大石山区摩崖石刻群——五台山摩崖石刻

"五台山"的山寨门匾是南宋淳祐三年（1243 年）董塘镇江头村人叶柳洲所立。这是迄今为止，丹霞山、大石山所发现的历史最久远的摩崖石刻，比丹霞山锦石岩大雄宝殿左侧岩壁上赵汝耒书刻的"锦岩"还要早三年。寨门内云峰寺大殿，有康熙皇帝钦赐的"岭南特境"的匾额，两旁岩壁上还刻有"心旷""神怡"的石铭，以及对联"云峰万里小，仰首一天倾""灵山千古秀，花木四时春"。左上方还有雍正年间的学馆遗迹，"折桂处""考场"两方石匾至今犹存。至于五台山寺大殿中的那幅摩崖石刻"岭南特境"，它所蕴藏的秘密就更为扑朔迷离了。清朝乾隆年间叶迁琯的《鸥陂渔话》转引《达源杂记》中的记载：南韶兵备道李璜游丹霞山别传禅寺时，查获别传禅寺开山住持澹归和尚所著的《遍行堂集》，以"语多悖逆、谤毁本朝"的罪名上报清廷，别传禅寺即遭"焚寺磨骸之命""寺僧死者五百余人"的劫难，丹霞山周围的寺庵也被频加讨伐。传说清军围剿五头寨时，山顶寺庵僧众依赖险峻的地势和陡立的崖壁与之对峙。后山下清军以箭书射上山顶劝降，山顶住持将"岭南特境"的原手稿绑于箭上射下，清军管带见了"岭南特境"的匾额，当即下马双手合十，率众退兵，可见这四字匾额非比寻常。

五台山古山门匾额

　　众所周知，"顺治出家"是清宫四大奇案之一。清世祖福临（顺治皇帝）淡薄江山，生性好佛，曾多次对宫中禅师木陈下谕旨："愿老和尚勿以天子视朕，当如门下弟子相待。"适值爱妃董鄂氏病逝，顺治万念俱灰，厌弃红尘，削发披缁，入山西五台山皈依佛门。为此康熙曾四次去五台山礼佛，最后一次去五台山时，顺治已死，康熙有"劳心愧自省，瘦骨久鸣悲"的诗句，恸言哀悼，对五台山也极尽尊崇，并由此爱屋及乌，为国内多处有"五台山"山名的寺院亲笔御书赐匾。这大石山的五台山，宋代已有名气，大概也在康熙赐匾之列。只是年代久远，"康熙"二字以下是否为"玄烨"，或托某位御史代笔，已然不可追溯，而五台山、五仙岩能赖一匾在乾隆年间躲过一劫，却是地方僧俗代代相传的佳话。

五台山古山门

## ※ 大石山区摩崖石刻群——天乙山摩崖石刻

当地人称天乙山为"新寨"，"天乙山"名只在清同治《仁化县志》中出现过，现此名已渐渐被人遗忘。

天乙山有一处悬崖，悬崖石壁下有一人工开凿的水池，水池内壁匾额上刻有"剑泉"二字，字大一尺见方，字体雄浑遒劲，右上角有"乾隆庚午季冬吉立"字样，左下手落"主人士德氏立"之款。匾额左旁再上，有一门楼，用本山红砂岩条石构筑，门楣石匾刻有"荫泽堂山房"字样，楷书阳刻，字正神端。悬崖内壁又有凹进的百米洞隙，用条石青砖修筑有 16 间岩洞砖房。在岩房中又现一阔大的厅堂，内壁上刻有 2 米见方的浮雕亭阁，阁顶双檐宝盖，椽牙翘角，上有龙头鱼身吉饰，下有凤凰隐身尾羽。正中门匾"义比山高"四字，字体敦实，两旁石刻之龙凤花纹刻工精湛。在断崖左绝的边缘，先民们就着山势、泉流与地脉开凿出一口长 4 米、宽 3 米的大水井，十多米高的井壁上刻有"长清泉"三字，完工于清乾隆十四年（1749 年）。

新寨碉楼处有一山窝，原是山民栖身聚居的住所，现周边留下了众多摩崖石刻，有清乾隆十三年（1748 年）徐大吕所题的巨幅双钩石刻"云蒸霞蔚"，有上接"山泉"、下通"剑泉"的"愚池"楣匾，有字体独特的左山池内壁额铭"寿而康"等，这些摩崖石刻、碉楼、井泉及一并山房洞屋，都是乾隆十三年前后董塘镇江头村人叶长青主持修建的。

天乙山新寨下水池岸壁"寿而康"石匾

## ※ 大石山区摩崖石刻群
### ——西竺岩寺碑刻

　　西竺岩寺依岩洞而建，面阔 32 米，进深 8.8 米，寺门上方石刻禅寺门匾 "西竺岩"，门楣刻官级标示，门两侧有抱鼓石门当，寺左墙根有残碑《天堂福地碑记》和明朝嘉靖年间的《重修西竺岩碑》。

西竺岩寺碑刻

### ※ 大石山区摩崖石刻群——燕岩禅寺残碑

　　燕岩禅寺位于董塘镇岩头村村委会红梅村东南 2 公里的燕岩山腰，依岩而建，坐东北朝西南，始建于明朝万历年间。以后屡遭战乱和匪患，"文革"时期又遭破坏，现寺院在原址上照旧重修。燕岩禅寺岩洞正中为大殿，供奉佛像，殿旁多方残碑，其中一方《重修燕岩碑记》记述该寺之历史源流。殿左侧崖壁岩室内放置明代高僧骨灰，岩室下有残碑，为研究当地历史及宗教文化提供了实物见证。

燕岩禅寺右崖壁上的藏经洞室

燕岩禅寺之《重修燕岩碑记》

## ※ 韶石山区摩崖石刻群——上京古道

　　在韶石山区，韶州至周田这段上京古道贯通全境。古代驿道路通人多，僧道文贾云集，金龙山、金龟岩、穿窿岩、涌泉岩、打锣岩等地寺庙林立。唐、宋两代是韶石山的鼎盛时期。到了元代、明清之际，随着交通线路的增多和近现代公路、铁路的发达，韶石山一带逐渐被冷落，100多平方公里的山野地域人烟稀少，上京古道荒芜残凋。寺庵古迹毁损殆尽，只金龟岩、穿窿岩、涌泉岩几处唐宋佛教圣地，还遗存着一部分文物古迹和摩崖石刻。

打锣岩庙古道

金龙山古石道

## ※ 韶石山区摩崖石刻群——金龟岩寺石刻

　　金龟岩寺位于韶石山的中心，岩分南北两部，中有洞穴相通，南洞为锦岩，洞口门楣上有"锦岩"二字石刻，为乾隆年间陈誉远立。现存的神台、石桌、石柱、石凳雕花刻佛，工艺精湛，都是清乾隆五十九年（1794年）所置（光绪年间周田张九龄子孙又沿祖风重修扩建，岩壁有碑文），具有珍贵的文物价值。北岩为风车岩，原是佛祖殿，殿内神台石刻精美，原有的八仙殿堂已毁，为明隆庆二年（1568年）所建。最早的摩崖石刻《舍街记》在殿堂右侧岩壁，刻于北宋大中祥符六年（1013年），另一方《金龟摩崖记》刻于北宋政和四年（1114年）。此外还有明、清两代的石刻数幅、断碑二方，石砖、石柱、石板、石桌、石凳散存之多，在韶石山也是少有的。

《金龟摩崖记》碑刻

金龟岩之"锦岩"石洞

金龟岩东庙堂倒残供桌

金龟岩锦岩石壁之《舍街记》及《九龄后裔捐田碑》

## ※ 韶石山区摩崖石刻群——涌泉岩庙石刻

韶石山现存石材雕刻数量最多、工艺最精、图纹最丰富的应是涌泉岩庙，也就是北宋时期的文殊院岩庙。庙内的许多石柱、门楣和底座神台的雕刻也都有文字记载，时间为明代万历年间和崇祯年间。香炉中段的八角石柱面上，七面有浮雕，一面有文字，为广州府东莞县何才甫兄弟施舍得建，横额上有"永保长春"四个大字。

涌泉岩庙之残柱石雕

涌泉岩庙坍毁处之石材构件

涌泉岩庙址前之供台残件

## ※ 韶石山区摩崖石刻群——穿窿岩庙石刻

穿窿岩庙位于金龟岩长廊以北，拥有两层四个大岩洞和一条 26 米长的穿山隧道，总面积 1 000 余平方米，规模之大位居韶石山岩庙面积之首。隧道岩楣上刻着"中里张通甘全同发心开此川一条，熙宁辛亥四月八日"，是近千年前周田张九龄的后裔张通等开凿的。穿窿岩庙的巨大石岩内有三处石刻，为钱师愈、陈雅仙、蔡辅之所作，周田张诜、张雅刻记，可见周田张九龄后代还是相当富有的。当然，韶石山当时的鼎盛繁荣，也与仕族官家的襄助、参与分不开。

穿窿岩隧道及西出口处的张九龄后裔开道石碑文

## 3. 锦江性文化岩画石刻长廊

作为"爱情名山"的丹霞山，依赖大自然的神奇造化，将人类生殖繁衍的诸多"性器形象图腾"集于一身——刺锷蓝天的阳元石，情窦翕张的阴元石，丰腴盈满的双乳石，春梦缠绵的"睡美人"，还有"望郎归"、夫妻岩、亲吮石等形象逼真，令人叫绝。就连丹霞山下出土的新石器时代的石祖，都与阳元石一个模样，比陕西李家沟遗址、河南二里岗遗址出土的石祖还要形象。这里的先民受到大自然"性器标本"的启迪，在生殖繁衍文化上也别出心裁，于大石山锦江边的岩壁上，刻画出一组性文化岩画的群雕，体现了阴阳性器图腾激发了先民性张力的萌动和创作的灵感。

从瑶山电站大坝沿锦江而下，到一处红崖赤壁下船登岸，钻过竹篁藤蔓交织的"情网"，来到赭红光滑的石壁之下，在一处封闭的幽静长廊内，先民以他们丰富的想象力和古朴的艺术手法，将繁衍生殖的性认同及性向往留在了千古红岩的画页上。

锦江右岸摩崖壁上第一组性文化岩画

双鱼窜洞石祖

母鹿回头

第一幅岩画雕饰的是"双鱼窜洞石祖"：红岩石壁上一个酷似女阴的天然石洞，其内壁微微凸出，颇具动感，四周已被先民打磨得十分光滑。就在洞穴旁边，先民精心雕刻了一个硕大的、两条鱼拥合而成的男根形状的图案，中间一柄长剑破鱼而入，组成一尊"阳大壮伟"的石祖，是先民触景生情、展开联想的创意之作。

往右十多米，是一幅组合岩画——"莲生贵子"：左边一孔武猛男，蹼冠裸体，表情亢奋，左手执花束，右手放飞鸟，腹下阴茎挺举夸张，正跨过"玉台"（阳台），勃然向一株二叶六花的花心直刺而去，一副勇武阳刚之态。右边一幅是典型的"莲生贵子"图，莲花、花蕾、莲蓬、莲子、荷叶、莲藕历历可见，尤其是下面的两节莲藕，竟设计成雌雄两条娃娃鱼亲密交叠的图式，而上面派生出的荷叶、莲花、莲蓬籽实，蕴含连生贵子、人丁昌盛的意思，是很经典的鱼、花象征物表现的女阴崇拜图和繁衍生殖图。

近百米长廊的崖壁上，还有"男士放鸟"图、"麒麟望春"图、"春鹿调情"图、"母鹿饲子"图、"奔鹿"图、"母鹿回头"图、"鹿身鸟头"图等。

仁化古代属百越族地区，原始社会时期，此地的性文化和生殖文化与中原文化应是同步的，并且体现出独到之处。从丹霞山性文化岩画中，既可读出南北文化交汇的端倪，也可体会岭南地域文化的独特魅力。丹霞性文化岩画石刻长廊，是丹霞山摩崖石刻的又一道人文风采。

莲生贵子

春鹿调情

母鹿饲子